はじめての人のための
小学校理科の
『学び合い』

三崎 隆 著

大学教育出版

はじめに

　現在，『学び合い』（二重括弧の学び合い）と呼ばれる３つの考え方を子どもたちと共有して実践する授業が広く知られるようになってきました。

　『学び合い』は，誰一人として見捨てられることのない共生社会の実現を目指す，一人も見捨てられないことを大切にする集団を創る教育の考え方です。

　『学び合い』の理念となるのは，次の３つの考え方です。

○子ども観

　　子どもたちは有能であるという考え方。

○授業観

　　教師の仕事は目標の設定，評価，環境の整備を行うことで，教授（子どもから見れば学習）は子どもに任せるという考え方。

○学校観

　　学校は多様な人と折り合いをつけて自らの目標を達成する経験を通して，その有効性を実感し，より多くの人が自分の同僚であることを学ぶ場であるという考え方。

　特に，１つ目の子ども観と３つ目の学校観をしっかりと持っていれば，２つ目の授業観は自ずとそのようにならざるを得ないので，子ども観と学校観がとても大切になります。

　したがって，『学び合い』は，子ども観と学校観の２つの考え方に基づいているものだと言い換えても差し支えないものです。

　子ども観に共感することができれば，子どもたちの有能性を信じることができますので，「やってごらん」と子どもたちに活動を任せることができるようになります。

　一方，学校観に共感することができれば，学校で学ぶ目的や意義を子どもたちに語ってあげることができるようになります。みんなでみんなが目標に向かって努力し目標を達成することが重要で大切であることを子どもたちと共有

することができるようになります。そうすると，子どもたちは自分たちの力を発揮して，折り合いを付けながら全員が目標を達成するようになります。

初等教育からの毎日の授業でのそれらの経験の積み重ねが，やがて30年後の未来を幸せに生きるために必要な資質・能力となって培われるのです。それでは，それらを育てるために『学び合い』の授業をどのように企画したら良いのでしょうか。

小学校で取り組まれている『学び合い』の授業は，算数がほとんどです。それには理由があります。

『学び合い』の授業では目標が大切になりますが，算数の場合，毎単位時間の目標を提示しやすいからです。理解を促すための例題が教科書に取り上げられていますから，どのように問題解決を図ったら良いかが示されています。答えも分かります。

一方，「小学校の理科で『学び合い』の授業をやるには，どんなふうにやったらいいのでしょうか？」という声を多く聞きます。初めての人にとっては，理科の授業での『学び合い』は難しいのかもしれません。

しかし心配はいりません。

30年後を担う子どもたちに対して，30年後の未来を幸せに生きるために必要な力を付けさせてあげることのできる『学び合い』の考え方で，毎日の理科の授業を。私たちと一緒に始めてみましょう。

本書が，小学校の理科の授業で，ゼロから『学び合い』を学びたいと思っている人たちの羅針盤になるならば，それほど嬉しいことはありません。

2018年7月

編者

はじめての人のための小学校理科の『学び合い』

目　次

はじめに ……………………………………………………………… 1

第1章　必ず成功する『学び合い』の考え方による授業は，
どこが違うの？ …………………………………………… 7

1. 『学び合い』の考え方による授業って，どんな流れ？　8

2. 『学び合い』の考え方を使った授業って，実際どんななの？　10

3. 『学び合い』の考え方による授業って，サンドイッチ構造？　16

4. 『学び合い』の考え方による授業で現れるのは，主体的・対話的で深い学び？　18

5. 『学び合い』の考え方による授業の中で子どもたちに任せる時間は4分の1理論？　20

6. 『学び合い』の考え方による授業は，児童が自分で答え合わせができることが大切？　22

7. 『学び合い』の考え方による授業実践のポイントは運動会の要領？　24

8. 『学び合い』の考え方による授業を受けた児童はどう思っているの？　32

第2章　小学校の理科で必ず成功する『学び合い』の授業は，
どこが違うの？ ………………………………………… 35

1. 理科を嫌いにならないための小3理科の『学び合い』　36

2. 4年理科の『学び合い』　42

3. 単元「ふりこの運動」での『学び合い』　50

4. 6年理科の『学び合い』　65

5. 『学び合い』あれこれ ― 筆者の経験から ―　74

目次　5

第3章　これさえあれば大丈夫！さあ，はじめてみよう！ …… 77

1. 『学び合い』の授業を始める心構え　78

2. ACTION 1　指導案の実例1：3年物理　物と重さ　80

3. ACTION 2　指導案の実例2：3年生物　昆虫と植物　82

4. ACTION 3　指導案の実例3：3年地学　太陽と地面の様子　84

5. ACTION 4　指導案の実例4：4年物理　金属,水,空気と温度　86

6. ACTION 5　指導案の実例5：4年生物　人の体のつくりと運動　88

7. ACTION 6　指導案の実例6：4年地学　月と星　90

8. ACTION 7　指導案の実例7：5年物理　ふりこの運動　92

9. ACTION 8　指導案の実例8：5年化学　物のとけ方　94

10. ACTION 9　指導案の実例9：
　　　　　　　5年生物　植物の発芽，成長，結実　96

11. ACTION 10　指導案の実例10：5年地学　流水の働き　98

12. ACTION 11　指導案の実例11：6年物理　電気の利用　100

13. ACTION 12　指導案の実例12：6年化学　燃焼の仕組み　102

14. ACTION 13　指導案の実例13：
　　　　　　　6年生物　植物の養分と水の通り道　104

15. ACTION 14　指導案の実例14：
　　　　　　　6年地学　土地のつくりと変化　106

あとがき ……………………………………………………… 108

第 1 章

必ず成功する『学び合い』の考え方による授業は，どこが違うの？

1. 『学び合い』の考え方による授業って，どんな流れ？

●**教室に入ってから授業が始まるまでの準備**

　教室に行ったら，まず，子どもたちが探究活動を進めていく上で必要となる**教材・教具，教師用指導書等の資料等を教卓の上に置きます**。黒板に掲示したい資料は，マグネット等で黒板に掲示します。そして，目標に対する答えを1部だけ黒板に貼ります。子どもたちはこれによって自己評価（答え合わせ）ができます。指導したいことは模造紙に書いて貼っておくと良いでしょう。

　また，黒板に，子どもたちの名前を書いた**一人1枚のネーム・プレートを用意します**。そして，黒板の一角に「できた人」や「目標達成」と書いて，「できた人コーナー」や「目標達成コーナー」を作ります。目標を達成した子どもたちが，自分のネーム・プレートをそのコーナーに貼るためのものです。そのようにすることで，誰が目標を達成できずに困っているのかをクラスの全員が分かるようにします。ネーム・プレートでなくても，自分の名前を黒板に書く方法でも良いですし，札を立てる方法でもかまいません。「できたよ」と声に出すことでも良いのです。

　そして，黒板には，「○時○分まで」と活動終了時刻を書いておきます。そうすると，子どもたちはその時刻になったら自分で席に戻ります。

●**最初の語り（5分）**

　ここまで準備ができたら，さあ，授業開始です。

　授業が始まったら，黒板に今日の授業の目標を書きます。授業が始まるまでに黒板に書いておいてもOKです。液晶プロジェクタ等で投影してもかまいませんし，プリントに印刷して配付してもかまいません。休憩時間に教卓の上に

置いておいて，子どもたちが取りに来るのでしたら時間を短縮できます。1 単元のすべての単位時間の目標をまとめて印刷しておけば，より効率的です。

　黒板に目標を書き終わったら，目標を読み上げて子どもたちに伝えます。読むだけですから短時間で済みます。このとき**大切なことは，目標を語るときに，「全員が目標を達成することが大切である」ことを自分の言葉で繰り返す**ことです。

●探究活動を子どもたちに任せる（約 35 〜 40 分）

　目標を語り終わったら，「はい，どうぞ」と子どもたちに任せます。

　約 35 分なり 40 分なりを子どもたちに任せたのですから，あとは子どもたちの学びの様子を最後まで見守ります。机間指導をしてもかまいませんが，個別指導はせずに，常に子どもたち全員がどのような動きをしていてどのようなことを発話しているのかを見守ることに気を留めます。

　活動が始まると，子どもたちは最初のころは自分の目標達成を目指します。10 〜 15 分ほどすると目標を達成できた子どもたちが現れます。すると，その子どもたちを中心に輪が広がります。「分からない人いませんか」と，困っている子どもたちを探して教え始めます。ネーム・プレートも役立ちます。子どもたちは数人のグループになって教えたり教えてもらったりしますが，そのグループで問題が解決したら，そのグループを解消して他の友だちを探して新しいグループを作ります。その繰り返しです。

●最後の語り（5 分）

　活動終了時刻になって，クラスの全員が席に着いたら，黒板のネーム・プレートや確認テストによって，**全員が目標を達成したかどうかを評価します。その結果を全員に還元します。**目標を達成できずに終わってしまった子どもたちがいないかどうかをクラスのみんなで確認し合います。そして，**最後に，リフレクションを促す語り**をします。

2. 『学び合い』の考え方を使った授業って，実際どんななの？

(1) 最初の語り（5分）

　今日の授業の目標とゴールを示します。「みんなができることが大切だ」と語ります。

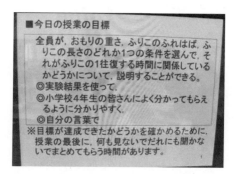

　活動の終了時刻を板書します。黒板の一角に，「できた！」コーナーを作ります。そのコーナーに全員分の番号を書いて準備します。

第1章 必ず成功する『学び合い』の考え方による授業は,どこが違うの? 11

(2) 探究活動を子どもたちに委ねる（約 35 〜 40 分）

教師の「はい,どうぞ」によって,子どもたちの探究活動が始まります。

数人のグループになって,一緒に学びます。

「分からない人はいませんか?」と,困っている友だちを探して,立ち歩きます。

　向こうにもこちらにもグループができて，OKになると解消され，また新しく別なところにできます。答え合わせを自分たちでして，学びの和を広げます。

　分かる子できる子がどんどん増えていきます。「チームで学修する力」が発揮されます。

第1章 必ず成功する『学び合い』の考え方による授業は，どこが違うの？ 13

(3) 最後の語り（5分）

　時間になると席に戻ります。最後に全員の目標達成を評価して，みんなでその結果を確認します。そして，みんなができるために自分には何ができたのかをリフレクションします。

（小学校理科の『学び合い』の授業を例に）

14

●授業の最初に, "みんなができること" を求めるのがポイント！

『学び合い』の授業は,

(1) 最初の語り（5分）

(2) 探究活動を子どもたちに委ねる（約35 ～ 40分）

(3) 最後の語り（5分）

の流れです。

「(1) 最初の語り（5分）」でのポイントは, 次の点です。

・**授業の最初に, 児童に誤解されない目標を示すことです。**「ようす」のように誤解されやすい表現を避けて, 具体的に分かりやすい表現を工夫することです。**目標は必要なものだけのシンプルにする**ことです。

・目標は, **活動中に児童が自分で答え合わせをすることができる**ようなものにすることです。

・授業が始まったらすぐに, 次のことを言うことです。

「学校の授業は『みんなで助け合ってみんなが目標達成できる』ことが大切です。自分には何ができるか考えながらやってみましょう。」

・みんなが目標達成したかどうかを, **いつ評価するのかどうやって評価するのか**を示すことです。

・**授業が始まる前までに, 合格基準を決めておいて,** 授業が始まったらその合格基準を何があっても**絶対に変更しない**ことです。教師のぶれない一貫した姿勢が大切です。

●「はいどうぞ」の後は, 「～いいんだよ」の発話がポイント！

「(2) 探究活動を子どもたちに委ねる（約35 ～ 40分）」でのポイントは, 次の点です。

・みんなが目標を達成できたかどうか, **目標を達成できずに困っている子がだれなのかを知らない子が一人もいなくなる状況を作る**ことです。一般的には, ネーム・プレートを利用することが多いです。

・「はい, どうぞ」と発話して活動を委ねたら, 児童の活動中に発話する表現

は次の通りです。**ポイントは「〜していいんだよ」です。**「いいんだよ」と発話することによって，みんなが目標達成するためには何を発言しどんな行動を取ったら良いのかについての決定権を児童に委ねることです。そうすると，児童が自分で考え判断し，行動するようになります。

　「おしゃべりしていいんだよ」

　「席を立って動いていいんだよ」

　「『一緒にやろう』ってやっていいんだよ」

　「遠慮しなくていいんだよ」

・児童の学びの様子は期待していたものであってもそうでないものであっても可視化します。その際，知らない子が一人もいなくなるようにクラス全体に呼びかけるように心掛けることがコツです。

●リフレクションではクラス全員に語ることがポイント！

「(3) 最後の語り (5分)」でのポイントは，次の点です。

・全員が目標達成できたかどうかを，**知らない子が一人もいない状況を作り出**すことです。

・全員が目標達成したとしたら，「なぜ，全員が目標達成したのでしょうか。**今日の授業ではみんなができるために自分は何ができましたか。そのうち何が良かったのか振り返ってみましょう。良かったと思えることを次の授業では意識してやってみましょう。**意識してできるようになれば，今日のことが偶然ではなかったことを証明できます。期待しています」と語ります。

・全員が目標達成できなかったとしたら，「なぜ，全員が目標達成できなかったのでしょうか。**今日の授業ではみんなができるために自分は何ができましたか。何か足りなかったことがあるはずです。何が足りなかったのでしょうか。振り返ってみましょう。次の授業では「こんなふうにしたら良くなるだろう」と思うことをやってみましょう。**そうすれば次の授業では全員が目標達成できるようになります。期待しています」と語ります。自分の言葉で語ることがポイントです。

3. 『学び合い』の考え方による授業って，サンドイッチ構造？

●目標と学びと評価は一致する

　目標と評価の一体化とよく言われます。そこでは，教育活動において達成すべき目標が示され，それに向けて探究が行われて，達成できたかどうか評価が行われます。具体的な目標に対して，それに一致する学びが生起し，目標に一致する学びが生起した結果，目標と学びに一致した評価が行われます。つまり，**目標と学びと評価が一致する**のです。

　このことは何も『学び合い』の授業に限ったことではありませんが，『学び合い』の授業は特に，提示された目標を全員が達成したのかどうかを評価しますから，より強調された授業であると言えます。

●『学び合い』の考え方による授業はサンドイッチ構造を成す

　その意味では，『学び合い』の授業は，日本型のサンドイッチに例えられます。

　ご存じの通り，日本型のサンドイッチは，スライスされた2枚のパンの間に様々な具が挟まれます。上のパンと下のパンの間に，トマトやキュウリなどの野菜とかハムやカツなどの肉類などが挟まれているものです。上のパン，下のパンそして間の具のどれが欠けてもおいしいサンドイッチにはならないことはよくお分かりのことと思います。

　日本型のサンドイッチを作るときは，2枚のパンは予め用意されていて，そこにどんな具を挟むかを各自が工夫します。したがって，その良さは2枚のパンの間に挟む具を多様に設定できる点に特徴があると言えます。2枚のパンをどのようなパンにしようかと考えることもありますが，パンを工夫するより

もどんなサンドイッチにしようかと具を工夫する機会が圧倒的に多いです。その意味で、2枚のパンの間にどんな具を入れてどんなサンドイッチにするのかはサンドイッチを作る人の自由な選択が保証された環境の下で決定されると言えます。サンドイッチを作る決定権がサンドイッチを作る人に委ねられているのです。しかし、2枚のパンがなければ、サンドイッチにはなりません。

　これを授業に照らして考えてみるとどうでしょうか。

　『学び合い』の授業は、このサンドイッチ構造を成しています。

　サンドイッチで言う**上のパンと下のパンに相当するものを授業の時に用意するのは教師ですが、その間に挟む具に相当するものをどうするかを決めるのは、子どもたち自身なのです。**

　授業の場合、**上のパンに相当する、授業で教師の用意するものが、授業の冒頭で提示する目標です。**サンドイッチを作るときにパンが用意されていてサンドイッチ作りが始まるように、授業を受けるときには多くの場合、教師によって目標が用意されて授業が始まります。

　一方、**下のパンに相当する、授業で教師の用意するものが、授業の最後に行う評価とリフレクション**です。サンドイッチを仕上げるときにパンが用意されていて、挟む具が仕上がったら最後にパンを挟んでサンドイッチが完成するように、授業を受けるときには、教師によって評価の場が提供され、リフレクションが行われて授業が終わります。

　ですから、上下2枚のパンがなければ日本型のサンドイッチにならないように、授業冒頭の目標の提示と授業の終わりの全員が目標を達成したかどうかの評価とリフレクションがなければ、『学び合い』の授業にはならないのです。

　そして、**間に挟む具に相当するのが子どもたちに任せる時間つまり子どもたちの活動**です。サンドイッチを作る人が自分の食べたいサンドイッチにするために間に何を挟むかを決めるように、授業でどのように目標に向かい、どうやってゴールにたどり着くのかを考えるのは子どもたち自身です。

　つまり、どのようにして目標達成に向かうのか、みんなの目標達成にどう立ち向かうのか、その方法を考えられるのは子どもたち自身です。彼らが、自分で考え判断し、決断したことを行動に移すのです。

4.『学び合い』の考え方による授業で現れるのは，主体的・対話的で深い学び？

● 『学び合い』では主体的な学びが生起し持続する

　『学び合い』の考え方による授業では，主体的・対話的で深い学びが自ずと生起し持続します。それも，主体的な学びだけが単独で現れるのではなく，主体的・対話的な学びの2つだけが認められるものでもありません。主体的・対話的で深い学びがスパイラルに連動しながら現れることが特徴です。

　なぜ『学び合い』の考え方による授業で主体的・対話的で深い学びが連動して生起し持続するのか，その理由を説明しましょう。

　『学び合い』はみんなが目標達成することを求められ，自由に方法を選択し探究したり挑戦したりすることができる活動時間が保証されます。活動時間中の決定権を自分たちに委ねられます。自分で考え判断するようになり，なんとかしようとしてこれが良いと。

　そこでは，まず，自分が目標を達成するためにどうしたらよいか考え判断したことを行動に移すようになります。それと同時に，みんなが目標を達成するためにはどうしたらよいのかを考え判断するようにもなり，これが良いと考え判断したことを行動として表すことができるようになります。これら一連の活動においては，まさに**主体的な学びが自ずと生起し持続**します。

● 『学び合い』では対話的な学びが自ずと生起し持続する

　『学び合い』の考え方による授業では，みんなの目標達成のために，「おしゃべりしてやっていいんだよ」「立ち歩いてやっていいんだよ」「誰と一緒にやってもいいんだよ」と促されます。誰に聞いたり教えたりするのか，どこに行くのか，誰と一緒にやるのかの決定権が自分たちに委ねられます。

そこでは，分からないことが出てきたら，分からないことを誰かに教えてもらおうとし始めます。どのように尋ねたら良いかを考え判断し，尋ねてみます。自分で納得するまで尋ねます。

一方，分かったら周りの友だちがどうなっているのか状況を確かめようとします。友だちは目標を達成したのかしていないのかを聞いてみます。目標を達成しているのならば，自分との共通点，相違点を聞きます。あるいは，「困っている人いませんか？」と困っている人を探して助けようとし始めます。分からない子が納得するまで説明しようと試みます。これら一連の活動においては，まさに**対話的な学びが自ずと生起し持続します**。

●『学び合い』では深い学びが自ずと生起し持続する

『学び合い』の考え方による授業では，みんなが目標達成するために自分には何ができたのかが求められ続けます。さらに，みんなの目標達成を果たせなかったら，何が足りなかったのかを考えて次の授業で補ってみようと促されます。

そこでは，今日の授業で良かったことを今度は意識してやってみようとして次の授業で行動します。また，今日の授業で足りなかったことを今度は補いながら次の授業で行動します。その繰り返しです。これら一連の活動においては，まさに**汎用性の高い学びが自ずと生起し持続します**。それが深い学びとなって現れるのです。

●『学び合い』では主体的・対話的で深い学びが自ずと連動する

『学び合い』の考え方による授業では，主体的な学びと対話的な学びと深い学びが単位時間の中で連動しながら同時に現れます。どれか1つだけが単独で見られるものではない点が『学び合い』の特徴です。

5. 『学び合い』の考え方による授業の中で子どもたちに任せる時間は4分の1理論?

●苦手な子は得意な子の4倍の時間が必要

　『学び合い』の考え方による授業では、授業の冒頭で語りをして目標を出し、「はい、どうぞ」と言って目標達成に向かう活動を子どもたちに委ね、授業の最後にみんなが目標を達成したのかどうかを評価して全員で共有し、リフレクションします。

　それでは、子どもたちに委ねる活動の時間をどのくらい取ればよいのでしょうか。

　我々の理解の仕方は千差万別ですから、全員が一斉に同じ時間で目標を達成することなどあり得ません。

　その目安になるのが、4分の1理論と呼ばれる経験則です。

　その教科や単元を得意とする子どもたちが目標を解決できるまでの時間が、その教科や単元を苦手とする子どもたちが目標を解決できるまでの時間のおよそ4分の1であるというものです。

　たとえば、ある教科を得意な子が、その教科の単位時間に与えられる目標を達成するのに必要な時間が10分であるとしたら、その教科を苦手な子が目標を達成する時間はその4倍となる40分を必要とします。換言の仕方は様々ありますが、その一つは苦手な子が目標達成するためには、得意な子が目標達成する時間の4倍が必要であるとか、得意な子が目標達成する時間はその教科を苦手とする子が目標達成する時間の4分の1で

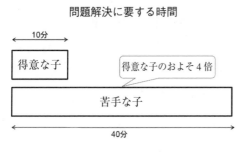

第1章　必ず成功する『学び合い』の考え方による授業は，どこが違うの？　21

す。

　もう1つの換言の仕方は，1単位時間で全員の目標達成を意図する場合の**目標のレベルの設定の仕方は，子どもたちに40分の活動時間を保証できる場合には得意な子が10分で目標達成できるレベルである**と言えます。さらに換言すれば，1単位時間で子どもたちに30分の活動時間しか保証できない場合には，その教科を得意な子がその単位時間の目標を7分30秒で達成できるレベルに設定しなければならないということです。

　子どもたちに任せる活動時間が減れば減るほど，得意な子がその単位時間の目標達成に要する時間が減ります。**活動時間を20分しか保証できない場合，得意な子が5分で目標達成可能なレベルの目標が求められる**ことになります。さらに換言させてもらえば，20分の活動時間しか保証できない場合に得意な子が10分かかって目標達成できるレベルの目標を提示した場合には，明らかに全員の目標達成は果たせないのです。

　単位時間に目標が3つあれば，得意な子がその3つの目標を約13分で達成しない限り，その教科の苦手な子は40分かかってもその3つの目標を達成することはできません。子どもたちに委ねる時間を30分しか確保できないのであれば，3つの目標を得意な子が合計で7分30秒で達成しなければならないということです。つまり，1つの目標達成に費やす時間は2分30秒です。仮に，その目標の下位に小目標が3題あったとすれば小目標1題につき50秒です。現実的に不可能です。

　4分の1理論に基づくと，その**単位時間に設定する目標が増えれば増えるほど，苦手な子が目標達成に至る可能性は下がる**ことが分かります。

　『学び合い』の考え方による授業は，その単位時間ないしはその単元で本当に子どもたちに何をさせたいのか，何ができるようになれば良しとするのかについて，焦点を絞ることが肝要であることを我々に教えてくれます。

　単位時間に設定する目標を1つに絞ることが，成功への近道です。

6. 『学び合い』の考え方による授業は，児童が自分で答え合わせができることが大切？

●子どもたち自身で自己評価できる合格基準を！

　『学び合い』の考え方による授業は，みんなが目標達成することを求めます。そこでは，目標達成に向かって活動を始めた子どもたちのうち，一通り取組が終わり，自分が目標を達成したのではないかと考え判断した子どもたちは，その真偽を確かめようとします。

　もし，自分が目標を達成したことが分かれば，周りの子どもたちに「分からない人いませんか？」と声をかけて助けに行こうとします。

　その一方で，目標を達成するためにどのようにしたら良いのか分からない子どもたちや目標を達成したと思っていてもそれが教師の期待している合格基準に達していない子どもたちは，周りの子どもたちに対して，「誰か教えてくれない？」と助けを求めようとします。

　そのためには，自分の取り組んだ結果が目標を達成したことに合致するのか合致しないのか，つまり教師の期待する合格基準を満たしたのか満たしていないのかを自ら判断する必要があります。

　目標に対して自分が考え判断してやってみた結果が，教師の期待する合格基準を満たしていないにもかかわらず，周りの友だちと共有してしまったら，教師の期待するゴールに辿り着くことが難しくなってしまうからです。そうかと言って，いちいち教師のところにやってきて，自分の取り組んだ結果をいちいち教師に尋ねて○×を判断してもらっていたとしたら，子どもたちは教師の指示待ち人間にしかなりません。

　また，理科の場合，算数とは違って，目標に対する答えとなる合格基準が教科書に示されているような例題が載っていることはほとんどありません。

　だからこそ，『学び合い』の考え方による授業では，子どもたち自身で目標

の達成を果たしたのかどうか，教師の期待する合格基準を満たしたのかどうかを，自己評価できるように環境構成をしなければならないのです。

●合格基準は授業前に決めておいて活動前に周知することがポイント

　『学び合い』の考え方による授業では，**合格基準を「①授業前にしっかり決めておくこと，②子どもたちが活動する前に明示して周知しておくこと，③活動が始まっても変更せず終始一貫させること」がポイントです。**

　そのためには，解答例を1部だけ用意して，黒板に掲示しておく方法も有効です。解答例を印刷して全員に配ってはいけません。1部だけ黒板に掲示しておくことによって，その解答例を見に行った子どもたちの様子がクラス全体に可視化されて，クラス全体の学びが活性化するからです。そうすれば，答え合わせをしたい子どもたちが黒板にところにやって来て，確認することができます。また，どうやったら良いかが分からない子どもたちが見に来て，参考にすることもできます。

　また，**合格基準の要素となる2つないしは3つ程度のキー・ワードを設定することも有効です。**たとえば，目標として「そろえる条件とふりこの長さという2つの言葉を使って説明できる」とするのです。

　理科の場合，結果と考察を明確に分けます。しかし，結果（事実）と考察（考え）の違いをしっかり分けることは，難しいことです。そこで，「実験の数値を使って，そろえる条件とふりこの長さの2つの言葉を使って説明できる」のように，合格基準として，結果と考察を分けて書けるように，具体的に示してあげることです。

　そうすると，子どもたちに対して，①実験の数値を使うこと，②「そろえる条件」という言葉を使うこと，③「ふりこの長さ」という言葉を使うこと，の3つが伝わるので自己評価が可能になります。

　子どもたちが教師に頼らず自分で考え判断し自己評価できることが，『学び合い』の考え方による授業を成功させる秘訣の一つです。

7. 『学び合い』の考え方による授業実践のポイントは運動会の要領？

● 『学び合い』の考え方による授業は，部活動や運動会の要領でOK

　部活動の指導が，知らず知らずのうちに『学び合い』の考え方に相当することを実践していることはよく知られています[※1]。

　部活動の指導は，次のような流れになるのが一般的です。

1）顧問が部活の意味を語る。

2）1年の流れを説明し，大会がいつあるかを語り，それに向けて自ら考え主体的に練習することを求める。

3）顧問は全体を俯瞰しながら，部員の練習の様子を掌握する。その日の練習の様子を見た上で，その日の最後に部員に語ることを精選する。

4）練習終了時間に部員が整列し，顧問から指導を受ける。その時に，顧問は短い言葉で，部をリードする2割の部員の心にやる気を起こさせる言葉を語る。

　教科の『学び合い』の考え方による授業がどのような流れになるのかを知る上では，とても良い見本となるものです。これを見ると，『学び合い』の考え方による授業が部活動を指導するときと同じ要領で実施することができることがよく分かります。

　このように，学校における教育活動の中には，子どもたち自身が自分たちで考えながら主体的，能動的に活動していて，その形態が『学び合い』の考え方による授業なのではないかと思えるものが数多くあります。特に，特別活動においてはその傾向が顕著です。

　運動会もその一つです。我々が，運動会をどのように企画，運営し，子どもたちをどのように指導しているのかを認識し，意図的にその道筋を辿ることができれば，どのようにすれば『学び合い』の考え方による授業をより良く実践

第1章　必ず成功する『学び合い』の考え方による授業は，どこが違うの？　　25

することができるのかを知ることができます。

※1　西川純：高校教師のためのアクティブ・ラーニング，26-30，東洋館出版社，2015.

　運動会のときにはどのような指導をするのかを，先の部活動のときと同じように振り返ってみると，次のようになります。

1) 学級担任が運動会の意味を語る。

2) 運動会までの流れを説明し，運動会がいつあるかを語り，それに向けて自ら考え主体的に練習することを求める。

3) 学級担任は全体を俯瞰しながら，クラスの子どもたちの練習の様子を掌握する。その日の練習の様子を見た上で，その日の最後にクラスの子どもたちに語ることを精選する。

4) 練習終了時間にクラスの子どもたちが整列し，学級担任から指導を受ける。その時に，学級担任は短い言葉で，クラスをリードする2割の子どもたちの心にやる気を起こさせる言葉を語る。

　いかがでしょうか。運動会も，部活動と同じ要領でできます。この要領で『学び合い』の考え方による授業に望むことがポイントとなりそうです。

●運動会は，いったん始まったら子どもたちを信じて任せている

　運動会は子どもたちが主役です。教師が子どもたちと一緒に参加することは，まずありません。運動会の時に，教師が教えたいと思うことがあったらどうするでしょうか。

　運動会が始まるまでに教えたいことをすべて教えます。繰り返し教えることもあるでしょうし，リハーサルをして練習することもあるでしょう。しかし，運動会の競技がいったん始まったら，子どもたちが自分たちで考えて判断し，実行するのです。教師にできることは，遠くから見ていて，子どもたちを信じて任せることだけです。

　『学び合い』の考え方による授業も，その運動会と同じです。

　『学び合い』の考え方による授業における教師の仕事は，運動会と同様，授業が始まるまでが勝負です。どのような目標が最善なのかを検討し，そのため

の選択可能な環境をどうやって整えたら良いかを十分に吟味します。

いったん授業が始まれば，主役は子どもたちですから，子どもたちは自分たちで考えて判断し，行動を起こします。教師は子どもたちを信じて，みんなができるように子どもたちに任せれば良いだけです。教師は脇役です。

運動会で教師がすることは，目的を語り，目標を設定して，運動会までのスケジュールを立てて指導します。運動会当日は子どもたちに任せます。そして，運動会を終えたら評価して，子どもたちに還元してリフレクションをします。

『学び合い』の考え方による授業もまさにそのとおりです。目的を語り，目標を作って環境を整えます。始まる前にしっかり準備し，授業のときは子どもたちを信じて任せます。授業終了時に評価して子どもたちに還元してリフレクションします。**始まるまでに準備し授業では信じて任せる，それが『学び合い』の考え方による授業のポイント**です。

●運動会では全体の状況がよく分かる

運動会は，グラウンドの周りにいる保護者や地域の人たちが，トラックとフィールドで行われる子どもたちが能動的に動くさまざまな競技種目を見て応援します。

そこでは，どの競技種目でも，参加する子どもたちの，どの子がどのようになっているのかを知らない観客は一人もいません。

トラックでの競技種目の場合には，どの子とどの子がどれだけ離れていて，即時的にその距離が離れていくのか縮まっていくのかが分からない人は一人もいません。一方，フィールドでの綱引きのような団体競技種目では，綱がどちらのチームにどれだけ引かれ，どのような状況となっていて，全体としてどちらのチームが優勢なのか劣勢なのかを知らない人は一人もいない状況になります。

もし，走っている一人の子や引いている綱の近くのところに行って，その子やその綱を引いている数人だけに集中して，指導したり注意したりしたとしたら，全体がどうなっているのかがまったく分からなくなってしまいます。

そうなってしまうと，今置かれているその子の全体の中における状況とかそ

のチームの全体の状況が分からなくなってしまうので，目標を達成しようとした場合に適切なアドバイスを送ることができなくなってしまいます。運動会に限らず，団体競技のサッカー，ラグビー，バスケットボール等でも同じことが言えます。

『学び合い』の考え方による授業も，その運動会と同じです。

『学び合い』の考え方による授業では，クラスの子どもたちが能動的に活動します。あちこちから会話が聞こえ，いたるところで主体的な動きが見られます。ですから，今，みんなが目標の達成に向けてどのような状況にあるのか，目標を達成した子どもたちや目標を達成できなくて困っている子どもたちがどこにいるのかを，クラスの全員が知っていることが大切です。クラスの全員が知らないことには，みんなでサポートし合うことができないからです。目標を達成した人がどこにいるかが分かれば，そこに教えてもらいにいくことができます。目標を達成できずに困っている人がどこにいるかが分かれば，サポートをするためにそこに行って行動を起こすことができます。教師だけが知っていても仕方がないことなのです。

したがって，『学び合い』の考え方による授業では，どの子がどのような学習状況なのかを知らない子が誰もいなくなる状況，つまりクラスの中で起きている学習状況をみんなが知っている環境を整えてあげることが大切になってきます。それを，教師が整えたり，『学び合い』の考え方による授業が進んでいくと子どもたち自身で整えたりします。

今，誰がどのような状況なのかを知らない子が一人もいない環境が整っている，それが『学び合い』の考え方による授業のポイントです。

●運動会では校長が教師を信頼して任せている

運動会では，体育主任を筆頭にして役割分担がなされます。その役割分担に基づいて，割り振られた業務をスケジュールに従って一人ひとりの教師が遂行していくことになります。

その過程では，校長が逐一巡回してきて，自分の近くに来ることなどありま

せん。巡回に来ることがないだけでなく，校長室に逐一呼ばれて，校長からその都度，直接，指導を受けることなどはありません。

運動会の練習の日程の中で，役割分担の内容に関わって細かな指示はないのが普通です。

なぜでしょうか。それは校長から信頼されているために，役割分担された業務の遂行を任せられているからです。もし，校長が事細かく，その都度繰り返し指導していたら，仕事はしやすいですか？

校長は，各教師自身の経験と知識に裏付けられた有能な力を持っていることを知っていますから，教師を信頼し，その業務遂行を任せるのです。その意味においては，運動会の成功は教師の持っている有能な力に対する校長の信頼によると言えます。

『学び合い』の考え方による授業も，その運動会と同じです。

運動会における校長と教師の関係が，『学び合い』の考え方による授業における教師と子どもたちの関係になります。

運動会で校長が教師を信頼して業務遂行を任せるように，『学び合い』の考え方による授業では教師が子どもたちを信じて目標達成までの学習を任せます。教師は校長に信頼されて一切を任されるのですから，授業では子どもたちを信じて一切を任せることができるはずです。

ですから，『学び合い』の考え方による授業では，教師は子どもたちの問題解決に向かうときに発揮する有能な力を信じて任せることです。

子どもたちに任せてみると，運動会での教師のように振る舞うことができます。つまり，子どもたちは，授業の目標をみんなが達成するために，自分にできることを考え，何をすべきか判断して，困っている友だちがいたらみんなでサポートするために行動を起こします。そこに，能動性が生まれます。倫理的，社会的能力も育ちます。その過程では，子どもたちが教師の机間指導による一人ひとりの個別指導を必要とすることはありません。そればかりか，自分たちが活動している間は，自分たちのことをじゃましないでほしいと願うことすらあるほどです。

活動時間を設定しさえすれば，その時間内は，子どもたち自身がみんなでサ

ポートし合って，みんなが本時の目標を達成することに向かいますから，余計な邪魔をする必要はないのです。

『学び合い』の考え方による授業のポイントは，子どもたちの持っている有能な力に対する教師の信頼によると言えます。

●**運動会では分からないことは一番聞きやすい同僚に聞いている**

運動会で役割分担されて任された業務を遂行するときに，どうして良いか分からなくなったりどうしようか迷って困ったりしたことがあったら，あなたならどうしますか？

その都度，校長から指導してもらうために，校長室に行きますか？

私にはそのような経験は一度もありません。そんなときは，前年度の運動会で自分と同じ役割分担を割り振られた同僚に，例年はどうやっているのかを聞くと思います。それも，いちいち，校長の許可をもらってから聞きに行くことはありません。その同僚の経験が自分に対する適切なアドバイスになることが期待できるからです。

そうでなければ，一番聞きやすい同僚に聞きます。一番聞きやすい同僚であれば，分からないことや困っていることを気軽に聞いても，自分の気持ちを察してくれて分かりやすく教えてくれたり一緒に考えてくれたりしてくれるからです。校長に断ることなく，聞きます。

もし校長が，運動会の業務をするに当たって，分からなくなったときに，同僚に聞くことや業務中の私語を禁じたら，仕事はしやすいですか？

『学び合い』の考え方による授業も，その運動会と同じです。

運動会における教師の立ち振る舞いが，『学び合い』の考え方による授業における子どもたちの立ち振る舞いになります。

運動会で分からなくなったりどうしようか迷って困ったりしたら，校長の許可を得るまでもなく一番聞きやすい同僚の所に聞きに行くように，『学び合い』の考え方による授業では子どもたちにも一番聞きやすい友だちのところに聞きに行くことのできる環境を保証してあげることです。

運動会の時に教師にできるのですから,『学び合い』の考え方による授業の時に子どもたちにもできるのです。

そのためには,『学び合い』の考え方による授業で子どもたちに対して,「一番聞きやすい友だちの所に聞きに行っていいんだよ」と言ってあげればよいのです。「いちいち,先生に断らなくてもいいんだよ」を足して。そう言って促してみると,運動会での教師のように振る舞うことができます。つまり,子どもたちは,授業の目標をみんなが達成するために,まず一番聞きやすい友だちのところに自由に行くようになります。そのうち,聞きやすい友だちが増え,困ったらみんなからサポートしてもらうために聞きに行ったり困っている友だちがいたらみんなでサポートするために行ったりするようになります。この様態は,まさに『学び合い』の考え方による授業で育てようとしている倫理的,社会的能力に他なりません。「一番聞きやすい友だちの所に聞きに行っていいんだよ」と言い続けていれば,子どもたち自身がみんなでサポートし合う文化が創られますから,何も心配はいりません。

『学び合い』の考え方による授業のポイントは,分からなくなったりどうしようか迷って困ったりしたことがあったら,一番聞きやすい友だちのところに自由に行って聞いていいんだという安心感を持たせてあげられるように,環境を保証してあげることと言えます。

●運動会は,教師のチームワークで支えられている

運動会を成功させる秘訣は,教師同士のチームワークです。

このことに異論のある人はいないでしょう。どんなに能力が高くても,運動会を一人で切り盛りすることは不可能です。

運動会が成功するとき,つまり運動会の目標が達成されるときには,次のような実態が見られます。

・一つの業務が遅れていても日程が延期されることはない。運動会の日を変更してまで,遅れた業務が終わるのを待つことはない。決められた日程に運動会を実施するために,みんなでサポートするだけ。

第1章　必ず成功する『学び合い』の考え方による授業は，どこが違うの？　*31*

　つまり，期日が決まっている運動会では，それぞれの業務を分担する教師が，限られた時間の中で，どうやって折り合いを付けて，お互いに知恵を出したり経験を生かしたりしながらサポートし合っていくのかが何より大切となるわけです。

　その意味では，運動会の成功は，業務を遂行する教師同士のチームワークによって支えられていると言えます。学校という所は，チームとして，教師が折り合いを付けながらお互いにカバーしたりサポートしたりして，チームプレイによって業務遂行するところなのです。

　『学び合い』の考え方による授業も，その運動会と同じです。

　授業での活動時間には限りがあります。その中で全員が目標を達成するためには，全員でサポートし合わないと困難です。それは，子どもたち一人一人の能力，目標達成までの辿り着き方，学び方や理解の仕方が違っていて当たり前だからです。運動会の時に教師の分担する業務の内容が違っていて当たり前なことと同じことです。

　その違っている良さを最大限に生かすためには，どうやって折り合いを付けてそれぞれの知恵を出したり良さを生かしたりしながら，力を発揮することができるかに尽きます。それによって，授業の目標の全員達成が果たせるからです。学校はそれを学ぶところなのです。

　誰か一人の能力が卓越していても，授業の目標を全員が達成することは困難です。それは，運動会の時に，業務遂行能力に長けた教師が一人いても運動会全体がうまくいかないことと同じことです。

　運動会の時に教師同士が折り合いを付けながらチームワークを発揮して成功に導くことができるのですから，『学び合い』の考え方による授業の授業の時にも子どもたち同士で折り合いを付けながらチームワークを発揮して，全員の目標達成に導くことができるのです。

　その意味では，**『学び合い』の考え方による授業のポイントは，子どもたち同士がサポートし合うチームワークによって支えられている**と言えます。学校という所は，チームとして，子どもたちが折り合いを付けながらお互いにサポートし合ってチームプレイによって学ぶところなのです。

8. 『学び合い』の考え方による授業を受けた児童はどう思っているの？

「『学び合い』をやるとそんなに効果があるの？」と不思議に思っている人も多いでしょう。俄には信じがたいかもしれません。

それでは、『学び合い』（二重括弧のまなびあい）の考え方による授業を実際に受けた児童の感想を紹介します。

まず、小学生172名に「いつもの授業より、勉強がよく分かりましたか？」とアンケートを取ってみました。すると、左図のような結果になります。彼らは、いつもの授業より勉強がよく分かるようになると回答しています。

また、「いつもの授業より、自分で考えたり判断したり表現したりすることができましたか？」と聞いてみます。すると、右の図のような結果になります。彼らは、いつもの授業よりも自分で考えたり判断したり表現したりしていることが分かります。

さらに、「今日のような授業をもっとやりたいと思いますか？」と聞いてみたところ、下の図のような答えが返ってきました。彼らは、もっと『学び合

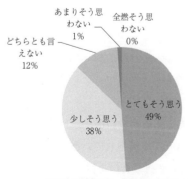

いつもの授業より、勉強がよく分かった

いつもの授業より、自分で考えたり判断したり表現したりすることができた

第1章 必ず成功する『学び合い』の考え方による授業は，どこが違うの？ 33

い』の授業をやりたいという希望を持っています。

そして，具体的には次のような感想を寄せてくれています。

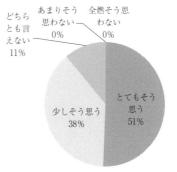

今日のような授業をもっとやりたいと思った

○かんたんな問題なのに，何でこうなるんですかと聞かれた時は，とても難しく感じました。内心は自分は本当は分からななくて分かったふりをしているのかとか，この学び合いで気づきました。学び合いはみんなが分かるようになる授業なので学び合いを続けてテストでも80点以上の良い学校にしてほしいです（小5男子）。

○学び合いをする前は，あまり分からなかったけど，学び合いをして，友達に教えてもらって分かるようになったから，楽しかったし，嬉しかったです（小5女子）。

○友だちに教えてもらって，分かるようになって褒められて嬉しかった。またいっぱいこういう授業をやりたい（小4男子）

○みんなで協力して楽しくできたので良かった。いつもよりチームワークが深まったと思うし，もっと勉強が分かるようになったから嬉しかった（小3男子）。

○少し難しい部分もあったけれど，友だちと協力し，良く考えて判断することができたので良かったし，楽しく勉強することができたので，またこの授業をやってみたいと思いました（小6女子）。

○いつもより自分で判断して行動できたし，内容に興味がわいたし，クラスのみんなともコミュニケーションができたので良かったと思った（小6男子）。

○理科は実験があるけど，なかなか友だちに聞くことができません。でも，学び合いの授業だと分からないことを誰にでも何度も聞くことができるから，理科がとても好きになりました。（小4女子）。

第 2 章

小学校の理科で必ず成功する『学び合い』の授業は，どこが違うの？

1. 理科を嫌いにならないための小3理科の『学び合い』

1 理科を嫌いにならないためにも『学び合い』

　小学校の第3学年というと，はじめての理科となります。今まで生活科で体験的な学習を行ってきているため，きっとわくわくして取り組むことと思います。私も3年生に会うたびに「理科，楽しみ〜」と言われます。この言葉は，うれしいと同時にプレッシャーでもありました。この子たちの期待，やる気，キラキラした笑顔を持続させなければという思いが強くなります。

　そんな中，3年生の理科での最初の単元が，「日なたと日かげ」でした。教科書の単元配列によって，「日なたと日かげ」が最初ではない場合もあるのですが，同僚の先生方とよくこのような話をしました。「3年生の最初に，あの単元難しすぎるよね。あれじゃ，初めて理科なのに理科嫌いになっちゃうよ」どうして，このような話が出てくるのかというと，方位磁針をつかって方位について学習し，その後，影の動きから，1日の太陽の動きを調べていくのですが，ここで，分からなくなります。まず，方位が3年生の子どもには難しく，さらに，太陽の動きと太陽の逆を動く影の動きの2つをとらえなければならないため，分かりにくいのです。

　このように学習内容の理解が難しい場面では，教師主導で授業を行うと，発言力のある子ども（たいていの場合，学力上位層と呼ばれる子ども）を指名して，その子に答えさせた後，教師がまとめることが多いです。しかし，学力の低いとされる下位層や中位層が理解していないため，単元終了時のテストを行うと全然できてないことがよくあるのです。子どもにとって，理科は体験的で楽しくてもテストができないとつらいです。「理科って何だろう？」という3年生の子どもに理科嫌いのきっかけを与えかねないのです。しかし，『学び合い』授業であれば，このような問題も教師主導の授業と比較するとかなり改善

第 2 章 小学校の理科で必ず成功する『学び合い』の授業は，どこが違うの？ 37

されます。

　これから，その授業実践を紹介したいと思います。基本的には他の『学び合い』授業とかわりません。「みんながわかる」ことを目標にします。そうです。全員がわかるようになること，できるようになることを目指します。自分一人がわかればいい，できればいいというのではなく，「みんな」です。クラスの誰一人置いていかない，見捨てないということを子どもたちに，しっかり伝えてさえいれば授業は成り立ちます。

> 課題
> 　教科書○○ページのように，午前 9 時と正午と午後 3 時の影と太陽を調べて記録することができる。

　このような簡単ともとれる課題でも 1 人 1 セットの器具や観察記録を使って，全員が課題達成することは，簡単なことではありません。しかし，『学び合い』では，互いに教え合い，聞き合いながら課題を達成していきます。教師は，子どもが活動する際の環境（教材，資料，実験器具等）を整え，いつでも自由に選択できるように準備します。今回は，画用紙，段ボールと割り箸，マジックを用意しておきました。子ども達は，互いに協力し合い，午前 9 時と正午と午後 3 時の影をそれぞれに調べて記録することができました。

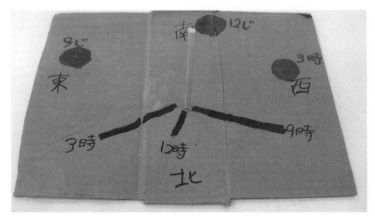

図 1　子どもの観察記録

> 課題
> かげができる向きと反対に，太陽は，東の方から南の空を通って，西の方へ動いていることをかんさつ記録や自分が書いた図をつかって4人に説明し，分かってもらえたらサインをもらうことができる。

　観察記録ができました。ここからが難関です。次の課題を上記のように設定します。すると，子ども達は，各自理科室を自由に動き回りながら説明していきます。おもしろい事例を紹介します。ちょうど，理科室には，懐中電灯があったので，この子どもは，教師の許可をもらい，その懐中電灯を使って，説明しているのです。懐中電灯を太陽に見立てて光を当てると，観察時と同じような状況が作れ，説明される子どもにとっては，とても分かりやすくなります（図2）。

　「(懐中電灯をさして) ここに太陽があるよね。そうすると影が反対にできるよね。西に影ができるときには，太陽が東にあって，北に影ができるときには南に太陽があって，東に影ができるときには太陽は西にあって，そうすると，太陽って東から南を通って西に動いているじゃん」と一生懸命説明しています。

図2　懐中電灯を使って説明する子ども

　さらに，太陽をボールに見立てて説明している子どももいました。私は，この子どもの姿を見て，とても頼もしく感じました。私の予測した道具を超えて，より分かりやすい方法で，教え合っている子ども達は，理科学習に生き生きと取り組んでいました。やはり，任せられていることが嬉しく，より考えるのだと思います。

　子ども達の中には，教えてもらったことについて，自分で説明文を書いて，今度は他の子どもに

第2章　小学校の理科で必ず成功する『学び合い』の授業は，どこが違うの？　　39

説明しようとしている子もいました。教える立場であるゲート・キーパーがこのように入れ替わっていく様子が見られます（図3）。

最初，なかなか理解できなかった子どもも観察記録を見ながら繰り返し多くの友だちに説明してもらい，徐々に理解することができました。さらに，教えられるだけではなく，自分も説明しようと考えることを通して，より理解が深まりました。ぎりぎり全員が課題達成することができましたが，果たして学習内容を理解しているか，分かりません。不安でした。

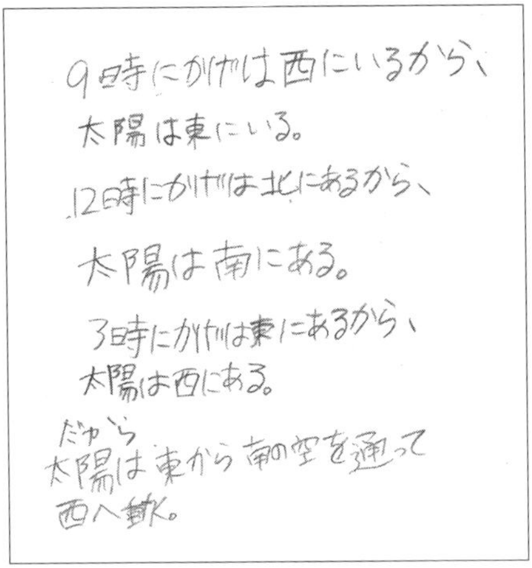

図3　子どもの説明文

そのため，授業の終わりには，確認テストを行いました。不安に思った通りです。5分の1くらいの子どもが，確認テストができませんでした。これではいけません。どうして全員できなかったのかをしっかり本人達に振り返ってもらわなければいけません。私は，このときに子どもの状況を見ながら，本気で語るようにしています。「どうしてできないのか。どうしたらみんながでるようになるのか」と，すると，次の時間には，「家で勉強してみたよ」と，声をかけてくれる子がいます。次の時間に学力上位の子どもが，より丁寧に教えようとしている姿に出会います。確認テストができるという結果を求めることは，とても重要です。確認テストができたということは，学んだ内容をアウトプットできたことでもあり，身についていることでもあります。友達と関わり合いながら学ぶだけが『学び合い』ではありません。確認テストができた子どもは，今回できなかった子どものためにより分かりやすい教え方を考えますし，できなかった子どもは，自分に足りなかった学び方を考えるでしょう。子どもたちが，自分の学びや学び方をしっかり振り返り，自らよりよいものに変えていけるように心がけながら振り返りを行うことが大切だと思います。

2 ものづくりにおけるプログラミング学習にも『学び合い』は効果的

　2020年から実施される新しい学習指導要領において，日常生活との関連を図り，目的を設定し，計測して制御するといった考え方に基づいたものづくり活動の充実が示されています[※1]。このため，理科におけるものづくり学習にプログラミングが導入できると言われます。プログラミングについては，新しい学習指導要領において必修化となり，子どもがプログラミングを体験しながら，論理的思考力を身に付けるための学習活動が示されると共に，算数，理科，総合的な学習の時間におけるプログラミングが例示されています。

　そこで，理科のものづくり活動の一環として，単元「日なたと日かげ」において，明るさを測定することができる照度計センサーを作ることにしました。

　プログラムを作ることは，簡単なようで難しいです。自分の意図したプログラムを作るために，いろいろ試行錯誤します。子どもによっての違いはありますが，一人では困難な場合が多いです。ここでも『学びあい』の考え方を受け止めている子どもは，自由に立ち歩いて，互いに教えあい聞きあいながら，情報交換をして活動できます。そのため，みんなが明るさセンサーのプログラムを作ることができました。

　明るいときは，大きな数字が表示され，暗いときは，小さい数字が表示される明るさセンサーです。光を数字に表すことによって，より学習内容の理解が図られました。しかし，それぞれの子どものプログラムは，同じではありません。ばらばらです。でも，明るさセンサーを作るという課題は同じだから，みんな違ったプログラムでも明るさセンサーを作るという目的は達成することができるのです。これは，明るさセンサーのプログラムが作れない場合は周囲の友だちに

図4　プログラムを作る様子

第2章 小学校の理科で必ず成功する『学び合い』の授業は，どこが違うの？　41

図5　0を表示する明るさセンサー

聞き作ります。また，できた子どもは，できていない子どもに教えながら，より改良した明るさセンサーを作っていくのです。

　このように，いろいろな場面で『学び合い』は，効果的に子どもの学びに生きてきます。ぜひ，3学年の理科をでも実践し，理科を好きな子どもを増やしていってほしいです。

引用文献
※1　文部科学省：小学校学習指導要領解説総則編，2017.

2. 4年理科の『学び合い』

●出会い

　10数年前，校内研修で代表授業をすることになりました。教科は社会，基本話型（基本の話し方）を活用した話し合い活動を取り入れる授業でした。学年で話し合い，子ども達の実態に合わせ，「わたしは…だと思います」「理由は〜だからです」。などの話型を教室に掲示し，普段の授業も，その話型を手掛かりにして話し合い活動を取り入れるようにしていました。しかし，なかなか活用できなかったり，活用できても本音ではなく模範解答のような発言しか出てこなかったりと，思ったようにはうまくはいきませんでした。子どもが話そうと思うものに合ったものがないのか，書き言葉に近い形で提示されているため話し言葉として使いにくいのかなど検討しましたが，すっきりしませんでした。結局，授業者が迷走したままだったので，授業は散々なものでした。

　子ども達が主体的に学び，本音で話し合いができる実践はないものかと模索している時に『学び合い』に出会いました。はじめは書籍からのスタートでしたが，翌年，西川純先生の講演を聞くことができました。その日から，校内研修として学校全体での『学び合い』の実践が始まりました。

●実践のはじまり

　いざ，『学び合い』の実践をするにあたっても，現在のように書籍は多くなく，考え方を共有してからは手探りの状態でした。西川研究室の方々や実践している方に話を聞いたり，授業を見ていただいたりしながら進めていました。はじめは算数からでしたが，子ども達が課題の解決に向けて自由に話し合い，教室のあちらこちらから「わかった」「そういうことね」などという言葉が聞

こえるようになりました。

しばらく実践を続けているとあることが気になるようになりました。「子どもの序列化」です。取り組んでいる教科が算数だけであったこともあるかもしれませんが，「教える子」と「教わる子」がいつも同じであることに気づきました。このままでは，子ども達の中に序列化ができてしまい，できない子の中に劣等感が強まってしまうのではないかと心配しました。

しかし，ある日の授業で，課題を解決した子がまだ解決していない子に説明したあとに，「まさか，○○に教わるとは思わなかったな」と言ったのです。その時，以前セミナーで聞いた三崎隆先生の発表「gatekeeperとend userの入れ替わり現象」の内容を思い出し，点と点が線になりました。それからは，全校で『学び合い』に取り組むことができる，今となっては恵まれた環境で実践を行うことができました。

●すべての活動を『学び合い』で

翌年からは，算数だけでなく全教科，全時間を『学び合い』の考え方で取り組むようにしました。子ども達を信じ切れず，活動中に口を出してしまうこともありましたが，我慢して少しずつ指示を減らすように心がけ，子ども達に任せる時間を増やしていきました。それに伴って子ども達からは，予想される姿を超える反応が見られるようになりました。

転勤により勤務校が変わっても，「すべての活動を『学び合い』で」のスタンスは変えることはありませんでした。『学び合い』を是とする学校とは違い，「学習規律」の徹底を理由に，立ち歩きや自由な会話などが，勝手気ままな行動と誤解され，多くの批判を受けましたが，ほかの先生方に信用してもらえるように行動すること，子ども達の変容をみせることで，徐々に批判は減っていきました。

『学び合い』を始めることは簡単ですが，続けていくことはとても難しいことです。自分のことは覚悟と勇気で何とかなりますが，周りとの関係では，子ども達の変容を見ていただくことが一番の方法です。

●実践例 小学校４年理科「あたたかくなると」

わたしの勤務する地域の小学校では，理科専科を置く学校が多く，担任が理科の授業を行うことはあまりありません。『学び合い』に出会ってから今まで，実際に理科の授業を行ったのは１年間だけでした。それが今回４年担任となり，８年ぶりに理科の授業ができることになりました。

『学び合い』を全く知らない児童たちと創ってきた，１ヶ月足らずの実践ですが，ここに紹介させていただきます。

○語り

理科の授業だけでなく，他の教科や時間でも，『学び合い』の理念についての「語り」をしました。以前は，時間をかけて一度に語っていましたが，最近では，子ども達がスムーズに移行できるように，学びの様子を伺いながら，その都度必要なことを必要なだけ語るようにしています。

今回，初めて『学び合い』に出会う子ども達に，次のように話をしました。

1 「みんな」を意識すること

これからの授業では，学習する内容の他に「みんながわかる」ことを目標にします。「みんな」とは，ここにいる全員，クラスの仲間ということです。すべての授業で，全員がわかるようになること，できるようになることを目指します。自分一人がわかればいい，できればいいというのではなく，「みんな」です。クラスの誰一人置いていかない，見捨てないということをいつも考えて学習を進めるようにしましょう。

2 学習の進め方

授業のはじめにはまず，その時間の「ねらい」を書きます。これは，授業が終わった時，みんなができるようになってもらいたいことです。授業の「ねらい」を決めることはしますが，そのために何をするか，学習の進め方は，みんなにお任せします。みんなは，わかるようになるため，できるようになるため，自分に合った学習の進め方を見つけられるはずです。「みんながわかる，

第2章　小学校の理科で必ず成功する『学び合い』の授業は，どこが違うの？　45

できる」ためならば，どこで，誰と，どんな学習をしても構いません。みんなが決めてください。

3　振り返り

　授業の最後にはその授業を振り返る時間をとります。その時は，自分一人で「めあて」が達成できているかどうか確認してください。学習している時は，何を使っても誰と話しても構いません。しかし，最後は自分一人でできたことを確認しましょう。

○教材の研究

1　単元目標から

　「あたたかくなると」の単元の目標は以下のようになっています。

　「春の生き物の様子に興味をもち，植物の開花や出葉，動物の出現や活動を観察して記録し，それらの様子を捉え，今後1年間の変化について調べていく見通しをもつことができるようにする。また，ヘチマやキュウリなどの栽培を通して，あたたかさの変化と植物の成長との関係を調べていくことができるようにする。さらに，あたたかさが増すと生き物の様子がどのように変化するかを予想し，次の季節への活動の意欲をもつことができるようにする。」

　このことから，整理すると次のようになります。

①春の生き物の様子に興味をもつこと。

②植物の開花や出葉，動物の出現や活動を観察して記録し，それらの様子を捉えること。

③今後1年間の変化について調べていく見通しをもつこと。

④ヘチマやキュウリなどの栽培を通して，あたたかさの変化と植物の成長との関係を調べていくことができるようにすること。

⑤あたたかさが増すと生き物の様子がどのように変化するかを予想し，次の季節への活動の意欲をもつこと。

　さらに，習得すべき技能として，

⑥気温を正しく測定できるようになること。

⑦記録カードを書けるようになること。

　これら7つのことをみんなができるように，単元を構想し，授業を進めていくことにしました。

○授業の流れ（全5時間の2時間目および4時間目）

学習活動	時間	指導上の留意点
○本時のねらいと学習の進め方を知る。	5分	・本時のねらいと学習の流れを説明する。
ねらい：植物（樹木）の様子を観察して，スケッチと気づいたこと3つ以上をカードに記録しよう。		
○校庭の植物（樹木）の観察をする。	30分	・危険防止に関わる注意を徹底する。 ・観察をする時間は30分であることを全員に周知させる。 ・気温の測り方ができているか確認する。 ・記録カードの書き方ができているか確認する。 ・グループ内だけでなく，グループ間の交流を促す。 ・よく書けている記録カードを可視化する。 ・全体の様子，花や葉の様子，枝の様子に着目させたい。 ・虫めがねは，必要に応じて使用できるように準備しておく。
○本時のまとめと評価をする。	10分	・観察カードをファイリングさせ，相互評価させる。 ・『学び合い』の自己評価をさせる。

☆評価項目：記録カードに植物のスケッチと気づいたこと3つ以上の記述が書けているか。

☆『学び合い』の評価：ねらいを全員が達成しているか。

○授業の実際

　今年は，桜の開花が例年より早く，観察を行うときにはほとんど散ってしまっている状態でした。しかし，わずかに咲いている花を見つけて観察する児

第2章 小学校の理科で必ず成功する『学び合い』の授業は、どこが違うの？　47

童も見られました。植物を観察する授業を2回行いましたが、1回目は『学び合い』の考え方が子ども達の中にあまり共有されていなかったため、情報交換も活発ではありませんでした。しかし、2回目の観察では、他教科での『学び合い』も経験して、考え方が少しずつ共有されてきた時期でもあり、グループ間交流も活発に行われていました。交流が行われたことで、それぞれのスケッチのしかたに変化が見られたので紹介します。

　左右は同一児童、左側が1回目、右側が2回目です。
①マクロからミクロへ

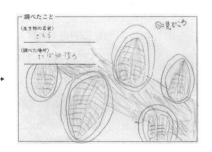

　1回目は、マクロ的視点からの観察で、サクラの木全体を記録しています。2回目は、「木は変わってないよね。」という言葉から、視点がよりミクロ的になり、枝についている葉に焦点をあてて記録しています。
②ミクロからマクロへ

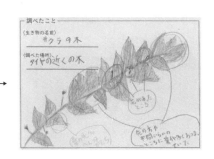

　1回目は、ミクロ的視点からの観察で、サクラの花だけを切り取って記録しています。2回目も、はじめは葉だけをスケッチしていましたが、「枝の先に葉が多いよね」という言葉から視点がマクロ的になり、枝全体を見て記録し

ています。
③絵からスケッチへ

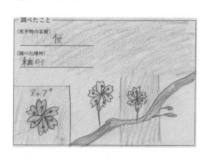 

　1回目は，背景を描いたり，花びらの数が違っていたりと，お絵かきの域を超えていない記録になっています。2回目は，1回目の振り返りで「図工の絵みたい」と指摘されていたことと，「よく見ると葉っぱに筋があるね」という言葉から，背景を描くことも止め，葉脈に着目して詳しくスケッチしています。

　授業のまとめの時間にも，ファイリングした記録カードを見合うようにさせましたが，スケッチをしている時間に自由に交流できたことで，その場ですぐに修正することができたと考えられます。

　例えば，

　A：「何をかいてるの？」

　B：「サクラ。」

　A：「サクラのどこ？」

　B：「…えっと，葉っぱ…」

というような，何気ない会話によって，全体の様子，花や葉の様子，枝の様子など，継続観察を通して，成長の様子がわかるところに着目させたいというねらいが明確になります。

　また，①と②の児童のように，ミクロとマクロの2つの視点から観察対象を見ることができるようになったり，③の児童のように風景の一部ではなく，観察の対象を絞ることができることができるようになったり，多様な視点からより多くのことに気づくことができるような，理想とする修正が見られました。

●『学び合い』によって理科でねらうこと

　子ども達は，教師に一方的に「ここを見なさい」や，「こうしたほうがよい」などと言われても，他人事として捉えがちです。それを自分事として捉えさせるためには，同僚，つまりクラスの仲間からの指摘によって，自分のものと仲間のものを比較させることが必要となります。

　実験や観察が多い理科では，子ども達はその都度，グループやクラスの仲間と会話をしています。その量は国語や算数よりも多いくらいです。

　今回の授業のように観察をさせる際に，ねらいを明確にさせたい時，正確（緻密）な観察をさせたい時，多視点を手に入れさせたい時には，授業時間の多くを子ども達に任せ，立ち歩きや相談も自由で，全員ができるようになることを求める『学び合い』は，有効であると考えています。

参考文献

三崎隆：はじめての人のための理科の授業づくり　学習問題から学習課題へ　大学教育出版，2011.

西川純：理科だからできる本当の「言語活動」　東洋館出版社，2014.

青木幹昌：成功する『学び合い』授業の作り方　明治図書，2015.

3. 単元「ふりこの運動」での『学び合い』

1 『学び合い』との出合い

　5年前，私がはじめて『学び合い』と出合ったのは，お恥ずかしい話ですが，大学院研修で1年間学校を離れ学ぶ際，私が専攻する理科教育において，実践的な教育研究できる研究室が少ないためでありました。そのため，実践的教育研究を行っている三崎隆先生の研究室で大学院を過ごさせていただくことを決めました。正直，『学び合い』については，人づてに聞く程度でした。まったく予備知識もない私でもできるのか不安もありました。

　当時，私自身，理科の大きな研究大会での授業を行ったり，研究主任として研究大会を運営したりと，理科という教科の学習にそれなりの自信もでてきている頃でした。そして，教職経験年数を重ねてきていて，子ども達に活動を任せる時間を増やしていくようになっていました。それに伴って子ども達からは，主体性や学びを実感する姿が見られるようになってきていました。しかし，私が行ってきた子ども達に任せる授業には，心配事がありました。活動を任せると子ども達は，主体的に理科授業には取り組むのですが，一般に学力が低いとされる下位層には，（あくまで私個人の目線ですが）私の期待したような姿が見られないことが多くありました。理科授業において，子ども達の興味・関心をひくような特殊な教材を使えば，この心配事は少なくなりましたが，1年間の授業全般が改善されることにはつながりません。

　そんな中，三崎隆先生に出前授業をお願いして，自分の勤務している学校で『学び合い』授業を行っていただきました。私自身，参観させていただき，教室を広くつかいながら，学級全体の子ども達と協働して，課題を解決していく子ども達の姿に驚きを隠せませんでした。では，私が心配していた下位層の子どもはというとどのような様子だったでしょうか。『学び合い』授業では，ク

ラスの子ども達が，下位層をしっかり支え，入れ替わり教え助けてくれていました。そのため，私の期待した以上の姿が見られました。このような話が信じられない方も多いかと思います。そのような方には，私が大学院時代に学んだお話をさせていただくことが良いかと思います。私は，大学院在学中，学力が低いとされる下位層の授業中の会話を分析するために数多くの会話を聞きました[※1]。そこで，分かったことは，理科学習における下位層の子どもにとっては，「1往復」などというちょっとした言葉の意味が分からなかったり，「四捨五入」などの既習内容の定着ができていなかったりするため，「課題」や「目標」が達成できず分からない状態が生まれていることを知りました。これを教師がなんとかしようとすると，教師の数が足りません。だからこそ，周囲の子ども達が入れ替わり下位層に教え，支えることが重要であるのです。そのために私が行う『学び合い』では，30〜35分ほどの時間を子どもが学級全体で協働できる活動を保証するため，自由に立ち歩いての活動を許可，奨励しています。これによって，下位層にとっては，分かりやすく教えてもらえるために，自由に立ち歩いて分からないところを聞き学習内容の理解を図ることができます。

　教師になるような方は同級生に教えたことがあると思います。そうすると分かると思います。教えるには対話が必要です。誰かに学習内容を教えることによって，学習内容の理解が図られ，教えるためには，どのように教えたらよいかを考えることにより，自らの学習内容の理解についてメタ認知するようになるのです。子ども同士のつたない対話であっても，教師の一方向の情報提供より勝ります。つまり，一斉指導の中でなかなか理解が進まないとされる下位層にとっては，多くのクラスメートの対話の方が勝ってしまうのです。そのため，下位層の学力が向上します。

　また，下位層の子どもの会話を分析していて，特徴的に感じたことですが，下位層の子どもは，自分のペースでの学習を展開する傾向があります。このような子どもは，一斉指導においては教師の指示通りにできなくて，不満やストレスを抱えている場合が多いです。また，教師の指示も嫌います。しかし，『学び合い』では，自分のペースで学習を進めることができるため，このような不満やストレスが少なくなります。そのため，学習意欲が高まるのです。

2 『学び合い』を始めてみる

　今，この本を読んでいる方の中には，『学び合い』を始めるに当たり不安も
あるかと思います。私自身，できるのかどうか不安でした。誰だって初めての
ことを行うときには，迷ったり戸惑ったりするものです。「失敗するのでは？」
などの恐れに近い気持ちが，起こることもあるかと思います。子どもは，失敗
を経験して成長していきます。トライ＆エラーの毎日です。我々教師も一緒だ
と思います。最初から授業が上手い教師がいるというよりは，トライ＆エラー
を繰り返して上手くなっていくのではないでしょうか。失敗を恐れず1単位
時間でも実践することが1番大切ではないかと思います。

3 子ども達への語り

　「語り」といわれても，最初，何をしたらよいのか分からないと思います。
私もそうでした。私は，三崎隆先生の出前『学び合い』授業を録画して，自分
が授業をはじめて行う時，録画映像を見ながら，自分なりの言葉にして，子ど
も達に語りました。また，子ども達に提示した資料についても録画映像をもと
につくりました。しかし，最初は，どうしたらよいか迷ったり戸惑ったりする
ものです。そのような方は，三崎研究室のホームページから「語り」をダウン
ロードして，それをもとに子ども達に話してみてはいかがでしょうか。自分な
りの言葉がどうしても思いつかなければ，自分の思いを込めて読み上げるだけ
でも構わないと思います。今，本書を読んでいる方は，子ども達の未来の幸せ
を願っている方だと思います。きっと成功すると思います。「語り」は，前述
にあるように，子ども観，授業観，学校観を子どもたちに伝えるだけのことな
ので，語らなければならない内容，語らなければならない方法が統一されてい
るわけではありません。自らが納得し共感できる『学び合い』の考え方を自分
なりの言葉で，子どもたちに伝えることが大切だと思います。

　私自身の「語り」はというと，以前は，時間をかけて一度に語っていました
が，最近では，子ども達学習の様子を見ながら，その都度必要なことを語るよ
うになってきています。

2　授業を始める際の課題つくり

　授業のはじめにはまず，その単位時間の「ねらい」，「課題」，「目標」となる
ものを提示します。これは，授業が終わった時，子ども達みんながができるよう
になってもらいたい内容です。ここでは，「課題」として説明します。

　課題をつくる際には，授業でどのようなことを身につけさせたいのかが，大
切です。つまり，授業が終わるときに，子ども達にどのような状態になってい
てほしいのかを意識して，課題がつくることが必要になります。もっとも簡単
なやり方なら，教師用指導書のねらいを子どもに伝える文章に書きかえるだけ
です。

　また，そのようにしても子ども達に何を達成させたいのか明確に伝わってい
ない場合が生じるときがあります。お恥ずかしい話ですが，私もたまにありま
した。その際には，子ども達に「ごめん」とあやまり，「これは，こういうこ
とだけど，伝え方が悪くてごめんね」と新たに課題を伝え直します。こうする
ことによって，子どもとの関係も良好になりますし，課題が伝わらないという
問題も生じません。このような失敗を繰り返しながら，課題作りがだんだんに
上手くなっていくのではないでしょうか。

　例えば，第5学年物理領域の単元「ふりこの運動」での課題で説明してみま
しょう。

　ここでは，ふりこの1往復する時間を測ることが課題です。しかし，1往復
する時間をより正確に求めためには，何往復かさせて平均を出さないといけま
せん。これは，平均を求めての測り方も大切な要素になってきます。そのた
め，実験技能ともにその測り方も課題として提示します。また，算数科の平均
を求める単元と関連させて，算数の時間でもこのような問題を通した『学び合
い』授業を行うとより効果的だと思います。理科では，表1のような課題がで
きました。

表1　単元「ふりこの運動」での課題

```
ふりこの1往復する時間を，平均を求める方法で測り，その測り方を友だち
2人以上によく分かってもらえように分かりやすく，説明することができる。
```

課題を決めることはしますが，そのために何をするか（学習）は，子どもに任せます。「みんながわかる，できる」ためならば，どこで，誰と，どんな学習をしても構わないことを伝えます。子ども達は，分かるようになるため，できるようになるため，自分に合った学習の進め方を見つけられるはずです。

もし，子ども達に活動の任せることに不安があるなら，図１のような学習カードを用意してみてもよいかもしれません。また，自作することが大変なら，市販の理科学習ノートのようなものに記録させ，説明する活動でも構わないと思います。

ここまでやっても，まだ子どもに任せられないという方もいるのではないか

年　組　番　名前

ふりこの1往復する時間を，平均を求める方法で測り，その測り方を友だち2人以上によく分かってもらえように分かりやすく，説明することができる。

みんなで助け合いながら，みんなが目標達成できるようにやってみましょう。

分からなくなったら，助けてもらいましょう。
困っているお友だちがいたら，助けてあげましょう

	条件の名前	
そろえる条件	ふりこのふれはば	20 度
そろえる条件	おもりの重さ	1個(25g)
そろえる条件	ふりこの長さ	30cm

10往復する時間(秒)をはかって，次の表をつくります。このふりこの1往復する時間は何秒でしょうか。

1回目	2回目	3回目

1往復する時間（10 往復する時間(秒)÷ 10(回)）

1回目	2回目	3回目

（小数第2位を四捨五入しよう）

3回の平均（(1 回目＋ 2 回目＋ 3 回目)÷ 3）秒

こたえ ＿＿＿＿＿＿＿＿ 秒

○説明できたお友だちの名前（説明できたら，しるしをもらいましょう）

図１　学習カード

第2章　小学校の理科で必ず成功する『学び合い』の授業は，どこが違うの？　55

と思います。一緒に勤務した先生の中で『学び会い』を学んでみたいという方
にそのようなことを考える方がいました。似たような考えをお持ちの方は，ク
ラスで一番気になる子どものそばにいることがよいと思います。他の子どもに
は活動を任せてみましょう。そのうちに，クラスの一番気になる子どもも他の
子どもと活動すると思います。

3　活動を子どもに任せたら，可視化する

「可視化」といわれても「語り」と同じで，何をしたらよいのか分からない
と思います。私もそうでした。実践してみて私は，可視化には，大きく分け
て3種類あるのではないかと思います。3種類の可視化とは，賞賛，疑問，提
示についての声がけです。例えば，賞賛する可視化では，実践者が，「他のグ
ループなのに困っている友だちに教えてあげるって，すごいね」等の声がけを
行うことだと思います。また，疑問を投げかける可視化では，「まだクラスに
は，できていない人がいるよ。みんなができるには，どうしたらいいかな」等
の声がけを行うことだと思います，さらに，提示する可視化では，「あそこに，
こんな発見した子がいるよ。すごいね。みんなも見てみたらどうかな」等の声
がけを行うことだと思います。

もし，子どもに任せることができない方なら，率先して賞賛の可視化を行っ
た方がよいと思います。子ども達にとっては，教師からの賞賛は，とても励み
になるものです。また，私の学校も同じですが，指示を出すことが癖になって
いる方もいると思います。そのような方にとっては，とにかく子ども達の関わ
り合いを賞賛することが，自分の癖をなおすきっかけになることにもつながる
と思います。

もう気がついている方もいるかもしれません。学校公開等で授業参観する
と，「授業が上手い」と我々を驚かせる先生がいませんか。その先生は，上記
に似た声がけを行っていませんか。その先生がなぜ上手いのか，それは，活動
を子どもに任せた上で，子どもの主体性を活かしつつ指示を出さないからだと
私は思います。指示は出しませんが，子ども達が困ったときには，提示の声が

けを行い，解決方法を子ども達自身が見つけられるように誘導しているのではないかと思います。だから，子どもはやる気になるのです。『学び合い』では，このような授業の上手さを「みんながわかる，できる」につなげて，未来を幸せに生きるための力を付けさせることを，目指しているだけだと思います。

4 「課題」の達成状況をクラス全体に示す

　教室の黒板にネームプレートで，「課題」が達成できた子どもが分かるようにしておくことは，誰ができていて誰ができていなくて困っているのかを子ども達が知ることにつながります。『学び合い』授業の実践者の方は，よく子どもの名前が書かれたネームプレートを使用する場合が，多いかと思います。確かに，学級担任の先生は，子どもの名前が書かれたネームプレートを持ってい

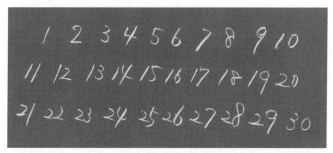

図2　黒板の様子

図3　課題達成した黒板の様子

第2章　小学校の理科で必ず成功する『学び合い』の授業は，どこが違うの？　57

るかもしれませんが，私のような理科専科で教科担任の先生は，持っていない
かもしれません。もし，用意することが大変なら黒板に1から子どもの人数
分の出席番号を書き出すだけで構いません（図3）。

　そして，課題達成した子どもが，自分の出席番号の書かれた数字に○をする
だけで，誰ができて，誰ができていないか分かります。全員に○がつけば，全
員の課題達成が一目で分かる仕組みです。ここでは，30分くらいで全員達成
しました（図3）。黒板というみんながいつでもどこでも見える場所で，自分
の番号に○をするだけの簡単な作業です。これなら，簡単で，すぐにでもでき
ることではないでしょうか。

5　授業中，子どもはどんな会話をしているでしょう

　『学び合い』授業では，授業中，子ども達は，どんな会話をしているのでしょ
うか。前述しましたが，『学び合い』授業において学力が低いとされる下位層
の会話を研究していました。そこでの会話を紹介します。下位層の子どもは，
周囲の子ども達と入れ替わりながら，教え合っていました。

　その際には，それぞれの子どもがこれまでの経験を交換させながら，表2
のような会話を行っていました[*1]。表2は，ふりこが1往復する時間を調べる
際の四捨五入する場面における子ども同士の会話です。Zさんが，四捨五入の
説明を求める発言から，Yさんの「だから，これは1だから捨てる。これは5
だから入れる」という四捨五入に対する以前授業で学んだ知識を交換すること
によって，納得しています。このような経験を交換させる会話が多く見られる
のは，『学び合い』授業の特徴の1つです。

表2　『学び合い』授業における会話

Zさん：Yさん教えて。
Zさん：この人。
Yさん：四捨五入。4は捨てて5は上げる。
Zさん：え，なに。これどこ？　消すの？
Yさん：だから，これは1だから捨てる。これは5だから入れる。

しかし，下位層は，教師の指示が多い，いわゆる一斉指導の授業になるとこのような会話は減ります。経験についての考えを交換することも関わることも少なく，会話も無関心になってきます。下位層にとっては，一般的な一斉授業においては分からないことがあっても言い出せないため，無関心になってしまうのです[1][2]。

　もしかしたら，『学び会い』授業における下位層を見ている方の中には，ただ教えてもらうだけで，答えを写して，それを読み上げながら説明しているのではないか，と勘違いしてしまう方もいるかもしれません。でも，一般的な一斉授業において無関心になりがちな下位層にとっては，答えを見ると写すと言うことは，学習をあきらめないことでもあるのです。

　さらに，『学び会い』授業では，教えてもらうだけでもなく，自らが教えることもあります。教える人と教えてもらう人が入れ替わります[4]。

　そのため，下位層の子どもも教える人になれるのです。

　また，3〜4人のグループ学習においても同様の会話が行われることもあるかともおいます。しかし，『学び合い』では，グループの枠を超えて，クラス全員で関わっています。そのため，下位層にとっての分かりやすく教えてくれる人が見つかる可能性が高くなります。

図4　クラス全体で関わり合う様子

6　授業の終わりには，アウトプットできる時間を

授業の終わりには，その単位時間の学習内容をアウトプットする時間があることが望ましいです。だんだんに『学び合い』に慣れてくると，自分が課題についての内容が理解できているかどうか，自分自身で判断できない子どもも出てきます。大人でもそうですが，どうしても，分かったつもりになってしまうものだと思います。授業内容をアウトプットさせるために，小テストや簡単な説明文を書くだけでもいいです，何にも見ないでやってみる時間（約5分間位）をとることは，子ども達自身が課題への自身のこれからの取り組み方を知ることにもつながります。

「ふりこの運動」では，課題に実験技能ともにその測り方も課題として提示します。実験技能をアウトプットすることは，時間的に厳しいですが，その測り方の説明や測定数値から小テストを行うことは可能です。私は，この単位時間は，測定数値だけを提示した小テストを行いました（図5）。

実験技能だけを扱ったりするなど課題によっては，アウトプットできないこ

何も見ないで，だれにも聞かないでやりましょう。

年　組　番　名前＿＿＿＿＿＿＿＿

	条件の名前	
そろえる条件	ふりこのふれはば	20 度
そろえる条件	おもりの重さ	1個（25g）
そろえる条件	ふりこの長さ	30cm

10往復する時間（秒）をはかって，次の表をつくりました。このふりこの1往復する時間は何秒でしょうか。

1回目	2回目	3回目
9．98	10．04	9．87

こたえ＿＿＿＿＿＿＿＿秒

図5　小テスト

図6　小テストを行う子ども

ともあるかと思いますが，そのような課題は，タブレット端末の録画機能を使用して，録画した画像を使用しての評価もできると思います。

7　実験道具は多い方がいいの？

　子どもが行う実験は，1人1人が自分の実験を行い個人での実験結果を出す個人実験，2～4人のグループを編成して協同で実験を行い共同での実験結果を出すグループ実験の2つに大きく分類することができます。

　理科を専門教科とする方に多いのですが，図7のように実験道具を増やし，個人実験が行えるようにする方がよいとされる考え方があります。しかし，個別実験は，実験が記憶に残りにくく，1人だけの子どもでは，実験結果を科学的に解釈することが困難であるため，学力が低下するという問題が指摘されています。特に，下位層にとってはこの問題は深刻であります。なぜなら，下位層は実験について分からないことが多いため[※2]，個別実験を完遂することが困難であるからです[※1]。

　しかし，『学び合い』授業においては，この個別実験での問題に関して協働的に学ぶため解決されます。子ども1人だけで困ることがあったら，聞き合い，教え合える仲間が近くにいるからです。

　また，個別実験は，1人1セットの実験器具が必要なように感じますが，1

第 2 章　小学校の理科で必ず成功する『学び合い』の授業は，どこが違うの？　61

図7　1人1セットの実験器具

人ひとりが自分の実験を行い個人での実験結果を出すことですので，実験器具が多くないとできないわけではありません。私は，『学び合い』授業では，個別実験で実験結果を出すようにさせていますが，実験器具は1人1セットでありません。1人1セットより4人に1セットの方が子ども同士の関わり合いが多く，その実験結果や知識を長期に記憶していることが分かっているからです[※4]。これは，実験器具の数が少ない場合は，子どもが自分の実験を行うときには，周囲の子どもが積極的に関わり，逆に周囲の子どもが実験を行う時には積極的に関わる環境構成が自然に発生します。この環境構成が要因となり，子どもは自分から積極的に周囲の子どもに関わっていきます。しかしながら，実験道具の数が1人に1セットある場合は，自分が分からなくなった時に周囲の子どもにたずね，周囲の子どもが困っていたら応えるだけにとどまる環境構成となります。この環境構成が要因となり，自分から積極的に周囲の子どもに関わる場面は少なくなります。そのため，実験道具の数が多くなくとも，『学び合い』では，1人ひとりが見通しをもって，より一層分からないことを周囲の子どもに聞いたり，教え合ったりして分かることができるのです。

8　なかなか修正できない考えを修正できるようになる

　理科を学んでいる子どもには，素朴概念と呼ばれ，大人になってもなかなか修正できない考え（概念）をもっている場合があります。この素朴概念の原因は，子どもが日常生活の中で身の回りの現象を観察することによって，子どもなりの考えをもってしまっているからです。そのため，なかなか修正できません。

　この単元「ふりこの運動」でも，ふりこの周期（ふりこの1往復する時間）がどのような条件に関係しているのかについての考えを子どもが，なかなか修正できないことで知られています。

　しかし，このような修正できないような考えも『学び合い』授業では，経験を交換させる会話によって，修正されることが分かりました[※5]。

　表3は，ふりこが1往復する時間に影響を及ぼす原因を調べる際の子ども同士の会話です。子ども達が協働的に関わり合う中で，Cさんのふりこの1往復する時間は，「20グラムも60グラムも同じ。」という会話から，下線部①の，Bさんの「ということは，1往復する時間は，40グラムにしても同じってこと。」というCさんの主張に別の内容を付け加えて述べる会話が現れています。また，Dさんの「おれ，20グラムと40グラムでやったときも同じだったよ。」の会話から，下線部②の，Cさんはふりこが1往復する時間に影響を及ぼす原因を「やっぱそうなんだ。じゃあ，10グラムでも50グラムでも同じってこと

表3　ふりこが1往復する時間に影響を及ぼす原因を調べる際の子ども同士の会話

> Aさん：1，2，3，4，5，6，7，8，9，10。12.3，ってことは。
> Bさん：同じ。まったく同じ。おもりの重さをかえても同じ
> Cさん：20グラムも60グラムも同じ。
> Bさん：ということは，1往復する時間は，40グラムにしても同じってこと。
> 　　　　①
> Dさん：おれ，20グラムと40グラムでやったときも同じだったよ。
> Cさん：やっぱそうなんだ。じゃあ，10グラムでも50グラムでも同じってことだよ。②
> Dさん：そうそう。だから，どんな重さでもタイムは一緒になって，おもりの重さに関係してないんだよ。③

第2章　小学校の理科で必ず成功する『学び合い』の授業は，どこが違うの？　　*63*

だよ。」とDさんの主張に別の内容を付け加えて述べる会話が現れています。さらに，下線部③のDさんは，「だから，どんな重さでもタイムは一緒になって，おもりの重さに関係してないんだ。」とCさんの主張を理解し，共通の観点から説明し直しています。このような会話の中に見られるように学んだ経験を交換する会話によって，Aさんは納得しています。

　『学び合い』授業では，このような会話を通して，素朴概念と呼ばれる修正できにくい考え（概念）を修正していくことができます。

9　『学び合い』授業の継続的な効果

　『学び合い』授業では，クラスの全員に立ち歩きを許可しています。そのため，経験のない方や一斉指導の中で授業を行う気持ちの強い方から見ると，子どもが這い回っているように見える方もいます。もしかしたら，同僚の先生方からの指摘も気になる方もいるかもしれません。

　そのような方は，『学び合い』授業をある単元で行って，次の単元では，通常の教師主導の理科授業で行われるグループ実験に切り替えても構わないと思います。教師主導の理科授業でも教室を広くつかいながら，学級全体の子ども達と協働して，課題を解決していく子ども達の姿は，ある程度継続されます[6]。それは，理科という教科は，実験を行う際には，必ずある程度立ち歩いたり，移動したりしないと成り立ちません。また，子ども達は，グループ以外の子どもとも聞き合い教え合うことが，自分が分かるために必要であることを知っています。そのため，分かるために自然発生的にクラス全体での協働を継続的に行っていくのです。このような子どもの姿は，『学び合い』が考え方だということを明確にしている一つの事実として私はとらえています。

10　単元「ふりこの運動」の課題

　単元「ふりこの運動」の課題です。5単位時間ですが，この5時間だけで，授業は十分行えました。

表4　単元「ふりこの運動」の課題

単位時間	課　題
1	ブランコ遊びの中で，乗る人の重さや振り方，乗り方を変えたときのブランコが振れる様子，実験用振り子の動きを観察し，ふりこが1往復する時間は何に関係しているか，自分の言葉で説明できる。
2	ふりこの1往復する時間を，平均を求める方法で測り，その測り方を友だち2人以上によく分かってもらえように分かりやすく，説明することができる。
3 4 5	おもりの重さ，振り子の触れ幅，振り子の長さのどれか1つの条件を選んで，それがふりこの1往復する時間に関係しているかどうかについて，実験結果を使って，分かりやすく，自分の言葉で説明することができる。

引用・参考文献

※1　林康成・三崎隆：『学び合い』授業と一斉指導教授型授業に現れる学力下位層の会話ケースの比較，臨床教科教育学会誌，15（2），pp.49-54 2015.

※2　Benesse教育開発センター：【特集】学力下位層を伸ばす3か年のストーリー【学校事例3】，https://berd.benesse.jp/up_images/magazine/02toku_0514.pdf（2018.5.8）.

※3　三崎隆：「gatekeeperとend userの入れ替わる頻度と会話タイプに関する研究」，臨床教科教育学会誌，6（1），pp.13-15，臨床教科教育学会，2006.

※4　林康成・三崎隆：『学び合い』における実験道具の数の違いによる理科の知識に関する理解に及ぼす効果とその定着，臨床教科教育学会誌，17（2），pp.87-94, 2018.

※5　林康成・三崎隆：『学び合い』授業における概念の変化が生じた子どもの発話についての研究，臨床教科教育学会誌，18（1），印刷中.

※6　林康成・三崎隆：同一教諭が行う『学び合い』授業，『学び合い』授業後の一斉指導教授型授業，一斉指導教授型授業における学力下位層の会話ケースの分析による学びの様相の比較，臨床教科教育学会誌，15（3），pp.49-54 2015.

第2章 小学校の理科で必ず成功する『学び合い』の授業は、どこが違うの？ 65

4. 6年理科の『学び合い』

1 6年理科の『学び合い』の授業はこの流れでやってみよう

　右の写真は，いつも黒板の横に掲示しているホワイトボードに書いた授業の流れです。

　授業の流れは大きく3つに分けられます。すなわち，①課題提示と課題説明，②課題追究，③まとめと評価の3つです。

　右の写真中の1と2が課題提示と課題説明。この2つに5～8分ほどかけますが，できるだけ短時間で終えるよう注意しています。

　次に3,4,5が課題追究です。『学び合い』に慣れていない時期には，この3つを時間を区切って活動させます。慣れれば子どもたちに任

学習メニュー

情報共有

せます。この時間はできるだけ長くとり，45分の1単位時間ならば，25〜30分を当てます。この時間をどれだけとれるかで『学び合い』の充実度が変わってきます。

最後の6と7が，まとめと評価です。ここも短時間で済ませますが，6の考察は5分程かけて，自分一人の力でまとめさせます。前段の3〜5の活動は，このまとめを一人で書けるようにするためにあると言ってもよいでしょう。

2　『学び合い』の導入は，緩やかに混乱なく

6年の理科で『学び合い』を始めるには，それまでの数年間の子どもたちの授業の受け方の積み重ねを考慮する必要があります。つまり，それまでの5年間（理科は3年間）の学び方を尊重し，それを否定することなく，「みなさんが受けてきた授業の他にも，こんな楽しい学び方もあるよ！」という気持ちを持って，それまでの一斉授業に『学び合い』のスタイルを少し取り入れるという姿勢で導入してみましょう。

このとき，子どもの過去5年間を否定しないこと。『学び合い』の導入で不安や混乱を生まないこと。そのためにも，一斉指導の中に『学び合い』タイムを緩やかに少しずつ取り入れていくのがよいと思います。

3　明確な学習課題の設定を

課題は，子どもたちにわかりやすい言葉で，この授業後にどうなってほしいかがイメージしやすい表現を心がけましょう*。「○○とは何か，説明できるようになろう」「○○について，実験をもとに…しよう」など，達成できたかどうかを評価できる文言にします。

例えば，「電熱線の太さを変えて発泡ポリスチレンを切ってみよう」では，電熱線で発泡ポリスチレンを切りさえすれば課題達成になります。これでは，活動あって思考なしの内容の薄い授業になってしまいかねません。そこで，「電熱線の太さと発熱量にはどんな関係があるのだろうか。実験をもとに説明

できるようになろう」とすれば，実験が思考や理解の手段になります。また，「○○をがんばろう」や「…について考えよう」などの達成できたかどうかが曖昧な表現も避けましょう。

4　最後は一人で

筆者は，『学び合い』の授業の最後の5分ほどは，一人でまとめを書く時間に当てています。そして子どもたちに，「最後に一人でまとめができるように，それまでの時間は，みんなで協力しながら助け合いながら課題を達成してください。実験や観察の結果を比べ合ったり，結果から分かることをみんなで話し合ったり，グループの枠を超えた情報交換と情報共有がとても大切です」と伝えています。

事例1　「ものの燃え方」第1時
導入は緩やかに ─ 一斉指導の中に『学び合い』タイムを ─
1　一斉指導の中に『学び合い』タイムを設ける

この単元は，多くの学校で4月に学習します。4月は，子どもたちが初めて『学び合い』に出合うことが多い時期です。そこで以下では，一斉授業の中に『学び合い』タイムを組み込んだ実践を紹介します。

ここでは，ろうそくやマッチを使うものの，実験は比較的安心して子どもたちに任せられます。また，実験の結果も明確で子どもたち同士で共有しやすいといえます。したがって，安全面にさえ注意を払えば，『学び合い』を無理なく導入できる単元です。

授業は，基本的に一斉授業のスタイルをとります。そして，追究の場面で子どもたちの自由で主体的な学習を認めます。しかし，時間は細切れにして指示を出します。前ページの学習の流れでいえば，3，4，5を細切れにして，指示を出しながら区切って活動させるのです。

2 一斉指導で注意を促し,『学び合い』で危険回避

「こんな危険がある,こういう間違いはしてはいけない」などを一斉指導で子どもたちにしっかり伝えておきましょう。この単元では,マッチやろうそくの火,酸素用気体検知管の発熱によるやけどや検知管のガラスの破片によるけがなどが危険性として予測できます。課題説明の折に示範をしながらしっかり子どもたちに伝えておくことが肝要です。

ところで,『学び合い』の授業は,子どもの活動を離れた場所から観察でき,全体の動きもよく見て取れます。そのため,事故につながりかねないミスや危険な動きも一斉授業よりも速く見つけ出すことができます。もし,そのような場面に出くわしたら,ためらわず指導しましょう。

3 細切れの『学び合い』タイムで情報交換のお膳立てを

『学び合い』導入の初期段階では,「自由に情報交換すること」「わからないことや疑問に思ったことをどんどん尋ねること」を奨励します。しかし,初期の頃は,遠慮してなかなか自分から動けません。そこで,黒板の前に集めて,情報交換や意見交換の時間を作ってあげましょう。やがて,わざわざ集めなくとも,自分たちで上手に情報交換や議論ができる時がやって来ます。

黒板の前に集まる

第 2 章　小学校の理科で必ず成功する『学び合い』の授業は，どこが違うの？　　69

4　授業の実際（第 1 時）

授業の流れ	学習活動
1 復習と課題確認（3 分）	○課題をノートに書かせ，確認させた。
【課題】集気びんの中のろうそくを燃え続けさせるためには，どうしたらよいか，空気の流れを明らかにしながら説明できるようにしよう。	
2 課題説明（10 分）	○本時は，集気瓶の上下を工夫して中の蝋燭を燃やし続ける方法を探し，キーワードを使って説明できるようになることが課題であると説明。さらに，実験方法と注意点を教卓の周りに子どもたちを集めて示範しながら解説した。
3 課題追究（15 分） 　『学び合い』タイム 1	○グループで燃え続ける方法を見つけさせた。その際，線香を利用したグループの「（煙が）吸い込まれる」「すごい」というつぶやきに触発されて線香を使うという方法が情報として徐々に広まっていった。
4 課題を深める（5 分） 　『学び合い』タイム 2	○黒板前に集めて結果を比較させた。班毎の発表はさせず，ボードを見て自由に喋らせた。
5 考察の検討（5 分） 　『学び合い』タイム 3	○他のグループとの比較をもとにわかったことを再検討させ，考察の文章も検討させた。
6 考察（5 分）	○自席に戻って，一人で考察を書かせた。
7 振り返り（2 分）	○学習の振り返りを書かせ，教師の評価を伝えた。

事例 2　「ものの燃え方」第 3, 4 時
明確な学習課題 ― 押さえたいことは先に押さえよう ―

1　明確な学習課題で深い学びをねらう

　『学び合い』では，この時間に何をすればよいのかがはっきりとわかる課題にすることが肝要です。説明を求めるのか，実験や観察の技能を身に付けさせるのかなどをはっきりさせた文章にしましょう。

　説明を求めるのなら，「ものが燃える前後の空気中の気体の体積の変化についてモデル図を使って説明できるようになろう」などとし，技能を身に付けることをねらうのなら，「窒素，酸素，二酸化炭素だけをそれぞれ集気びんに入れる方法を身に付けよう」などとします。

2 先に押さえると活動が明確になる

　第3, 4時では, 集気びんにそれぞれ窒素, 酸素, 二酸化炭素だけを充たし, その中に火のついたろうそくを入れる実験を通して,「ものを燃やすはたらきのある気体は酸素である」という結論を導きます。ここでは,「ものを燃やすはたらきのある気体は酸素である」という知識をしっかり押さえさせたいと考える方も多いのではないでしょうか。そこで課題は,「ものを燃やすはたらきのある気体を調べよう」ではなく,「ものを燃やすはたらきのある気体は, 酸素であることを実験を通して確かめよう」としました。

　そして, 授業の冒頭の課題説明で空気中の気体の体積の割合を板書し, その上で酸素にはものを燃やすはたらきがあることを知らせ,「本時はそれを実験で確かめること」が課題であることを確認しました。

　このように,「ここでこれだけは確実につかませたい」と考える事項があるならば, 課題提示と課題説明の折に先に伝えるという手があります。この手法は理科だけでなく他の教科でも使えるので覚えておくと便利です。

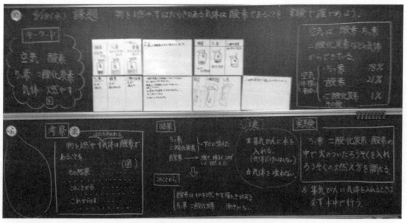

3, 4時の板書（授業終了時）

第 2 章　小学校の理科で必ず成功する『学び合い』の授業は，どこが違うの？　71

3　授業の実際(第 3, 4 時)

授業の流れ	学習活動
1 復習と課題確認（3 分）	○前時を復習させた後，課題を確認させた。
【課題】ものを燃やすはたらきのある気体は，酸素であることを実験を通して確かめよう。	
2 課題説明（20 分）	○まず，空気中の気体は，窒素，酸素，二酸化炭素とその他の気体に分けられることを説明し，それぞれの体積の割合を板書した。窒素という気体が 8 割近くを占めていることに驚く声が上がった。 ○このうち，ものを燃やすはたらきのある気体は，酸素であることを伝えた。本時は，それを実験で確かめることが課題であると確認した。
3 課題追究（40 分）	○気体の水上置換の方法を示範した。 ○二酸化炭素と窒素が満たされた瓶の中に火のついたろうそくを入れたとたんに火が消えたことに驚きの声が上がった。一方，酸素の中で，ろうそくの火が燃える様子は予想外の激しさだったようである。
4 課題を深める（7 分）	○ホワイトボードに実験結果をまとめて，黒板前で自由に気の付いたことなどを喋らせた。結果がどの班も同じだったことに容易に気付いた。
5 考察の検討（8 分）	
6 考察（10 分） 7 振り返り（2 分）	○キーワードを使ってどのように表現するのか，細かいところまで話し合っていた。 ○ 10 分で書けた児童が 7 割程度にとどまった。 ○情報交換が盛んだったことを褒めた。

事例 3　「ものの燃え方」第 5 時

最後は一人で ―『学び合い』で全員達成を目指そう ―

1　まとめや考察は，一人で書かせる

　筆者は，授業の終末 5 分程で，自分一人の力で考察をまとめることを子どもたちに求めています。まとめる内容とリード文は，授業の初めにあらかじめ提示しておきます（事例 2 の写真参照）。本時ならば，「ものを燃やす前と後では空気中の気体の体積……」に続けて自分で図と文章で説明を書かせます。

一人で考察をまとめる

授業では，追究時にホワイトボードや自分のノートを使って，実験で明らかになった体積比率をもとにどのようなモデル図にすればよいか検討しました。その際，子どもたちに求めたのが，「だれも置いてきぼりにしない」態度とクラス全体での「情報交換」です。この二つを毎回求めることで子どもの中に，少しずつ『学び合い』の行動意識が定着するのです。

2　何をどう書けば「課題達成」と認めるのか

　子どもたちにまとめや考察を一人で書かせたら，評価をします。評価の観点と評価規準は，あらかじめ授業構想の折に考えておきましょう。どんな言葉や用語を使って，どんな図を描いて，どんな説明を書けば課題達成とするのか，また，必ず使わせたい「キーワード」は何か考えておくとよいでしょう。

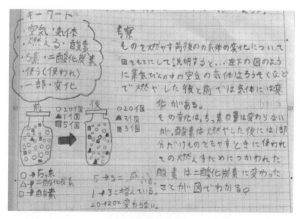

児童の考察

第2章　小学校の理科で必ず成功する『学び合い』の授業は，どこが違うの？　　73

3　「キーワード」を決めて『学び合い』に臨む

　キーワードは，やはり授業の冒頭に提示します。筆者は，未学習の用語もあらかじめ黒板に書いておきます。未学習のなんだかわけのわからない言葉が書いてあることで，それが追究の道しるべになることもあるのです。まず，見慣れないキーワードの言葉にあたることから追究活動をスタートする子どももいます。

4　授業の実際（第5時）

授業の流れ	学習活動
1 復習と課題確認（3分）	○「二酸化炭素が増えたことを調べる2つの方法」を全員に言わせ，課題をノートに書かせた。
【課題】ものが燃えた後の空気中の気体の割合の変化について，実験をもとにモデル図を使って，説明できるようになろう。	
2 課題説明（5分）	○本時は，前時の実験をもとに，燃焼の前後で空気中の気体の変化について模式図を使って説明できるようになることが課題であることを確認した。
3 課題追究（15分）	○ホワイトボードを机の中央に置いて話し合いを始めたグループを可視化するために褒めた。○実験の結果から酸素を意味する記号（□）の数をいくつにするのか相談を始めた。
4 課題を深める（5分）	○黒板前に集めて，ホワイトボードを見ながら自由に喋らせた。
5 考察の検討（5分）	○5の考察の検討と6の考察を区切らずに，時間配分を子どもたちに任せた。
6 考察（5分）	○まとめ文を考える中で，キーワードの使い方がわからない児童が他のグループに尋ねまわることで，全体が「空気中の気体の変化」という言葉に着目し始めた。
7 振り返り（2分）	○疑問をそのままにしない態度を褒めた。

5. 『学び合い』あれこれ ― 筆者の経験から ―

1 理科から『学び合い』を始めました

　筆者が『学び合い』に出会ったのは，今から十数年前の群馬県総合教育センター主催の研修会でした。

　そして，翌日の理科の時間が，筆者の『学び合い』はじめの一歩になりました。その授業は，一斉指導の中に「『学び合い』みたいな時間」をちょっぴり取り入れただけのものでしたが，子どもたちは，大きく変わりました。筆者は，それまでずっと，子どもたちが主体的に学ぶ授業を理想としてきました。しかし，ほとんど実現できずにいました。

　この日の子どもたちの活き活きとした姿は，そんな私に可能性の光明を与えてくれたのです。気が付くと，それから十数年が過ぎました。今では，毎日の授業が楽しくて仕方ありません。

　筆者は，理科は『学び合い』を始めるのには適していると考えています。理科の学習は，「問題解決的」に進められることが多く，『学び合い』の授業も「問題解決的」に学習が進むからです。したがって，他の教科より形を大きく変えずにすんなりと移行できると感じています。

2 失敗もありました

　筆者の『学び合い』は，いつも順風満帆だったわけではなく，失敗もしてきました。ただ，失敗よりも多くの成功体験が筆者を支えています。

　ところで，『学び合い』では，周囲と「折り合い」をつけることが求められます。折り合いをつけながらみんなで課題達成します。その過程で，教科特有の知識や技能などの力の他に自然に協力や協働の力がついていきます。これ

ぞ，子どもたちが社会に出て生きて役立つ力です。『学び合い』は学力をつけながら同時に人間力も養うことができるのです。

しかし，その「折り合い」を筆者自身がおろそかにしたことがありました。『学び合い』では子どもたちに一つの学習方法を押し付けません。それなのに職員室で周囲の先生方に『学び合い』を押しつけてしまったのです。良かれと思ってしたことですが，『学び合い』の考え方に合わない行為でした。ただ，わたしたちは，「こんなに楽しくて効果の上がる方法がありますよ！」と『学び合い』のPRをすることは必要です。わたしたちも，周囲の同僚とうまく折り合いをつなければなりません。

3 『学び合い』がうまくいかないとき

『学び合い』の授業を長年やっていると，子どもたちが思うように学び合わない，子どものよくない行動ばかりが目につく時期が必ずと言って良いほどやってきます。そして，その期間が長く続くと「この子たち（このクラスまたは，この学校）では無理！」と考えがちです。

そんなときは，学び合っている子どもたちの声をじっくりと聴いてみましょう。とにかく聴くこと。じっくり聴いていると，真剣に学び合っていることを再認識でき，だめだと思っていた子どもたちを見直すことができます。実は，子どもたちがだめなのではなくて，何かの原因で子どもたちの学びの本当の姿を見ようとする目や耳を自分自身で閉ざしてしまっていたのです。その目や耳をもう一度開くと，また，彼らの良さが見えてきて，彼らの学びを信じることができるようになります。

それでもうまくいかないときは，自分の授業を見直しましょう。三つの教育観のうちおろそかにしているものはないでしょうか？「誰も見捨てない」「みんなでできる」を本気で実践しようとしているでしょうか？

『学び合い』は，多くの実践者と膨大な臨床データ，そこから導き出された理論に支えられています。だから信頼できるのです。

筆者は，うまくいかないとき，忘れていることや間違っていることはないか

と自らの実践を振り返りながら，次の言葉を自分自身に言い聞かせてきました。「腐らない。あきらめない。そして，信じること！」

注

＊　青木幹昌編著：『成功する！『学び合い』授業の作り方』明治図書出版 2015 年 p.28

参考文献

三崎隆著：『はじめての人のための理科の授業づくり 学習問題から学習課題へ』大学教育出版 2015 年

中村和夫著：『ヴィゴーツキー心理学「最近接発達の領域」と「内言」の概念を読み解く』新読書社 2004 年

第 3 章

これさえあれば大丈夫！さあ，はじめてみよう！

1. 『学び合い』の授業を始める心構え

●理科で『学び合い』の授業を始めましょう

理科での『学び合い』の授業は次の手順で進めます。

1) 目標を作る。

2) 目標の答えを作る。

3) 答えの合格基準を作る。

4) 指導したいことを模造紙に書く。

5) 児童が選択できる教材を準備する。

●さあ，始めましょう！最初は，目標を作る

理科の授業で児童に何をさせたいのかを決めます。させたいことは1つに絞ることがポイントです。

○実験させたいのか。（例）石灰水の実験をさせる。

○基礎的な操作をさせたいのか。（例）温度計が使えるようにする。

○パフォーマンスをさせたいのか。（例）プレパラートを作らせる。

○問題解決の能力を発揮させたいのか。（例）共通点と相違点を説明させる（比較する能力を発揮させる）。

○思考力・表現力・判断力を発揮させたいのか。（例）理由を説明させる。

○探究方法を考えさせたいのか。（例）実験方法を説明させる。

○観察，実験結果を使って考察させたいのか。（例）実験結果を使って説明させる。

○探究させたいのか。（例）テーマを決めて自由に研究させる。

させたいことが決まったら，それを目標として設定します。その際，『学び

合い』なので必ず,「全員が」の文言を入れます。また,説明させる場合は説明を聞いてくれる相手がいますから,「クラスのみんなによく分かってもらえるように分かりやすく自分の言葉で」を必ず入れます。

●目標の答えを作る

させたいことが決まって目標ができたら,目標に対する答え,つまり教師の期待する目標を達成した児童の姿を表現します。たとえば,説明させたいのであれば,どのような説明がなされたら目標達成とするのかを決めます。

●答えの合格基準を作る

目標に対する答えができたら,具体的な合格基準を吟味します。つまり,どこまで説明できたら合格(OK)とするかを授業前に決めておきます。一度決めたら,授業中に変更してはいけません。

○実験させたいのか。(例)どこまで実験できたら合格か。

○基礎的な操作をさせたいのか。(例)どこまで使えたら合格か。

○パフォーマンスをさせたいのか。(例)どこまでできたら合格か。

「説明させる」目標の場合,何をいくつ説明できたら合格なのかが大切なので,キーワードを示すことも有効な手立てです。たとえば,花のしくみを説明させる場合には「おしべ」,「めしべ」,「がく」の用語を使うことが必須ならば,3つを使っていることを合格基準とします。

●模造紙に書く,教材を準備する

授業中に指導したことが事前に分かっているのであれば,それを模造紙に書いて黒板等に掲示します。また,児童が自由に選択することのできる観察,実験器具や資料等を用意し,授業が始まる時点で教卓上に用意しておきます。「自由に見たり使ったりしていいんだよ」と語ってあげてください。

2. ACTION 1　指導案の実例1：3年物理　物と重さ

●小学校の理科の授業では帰納的な問題解決が多い

　理科の授業では，自然の事物・現象と出会い，その中から疑問を見いだし，予想を立てて観察，実験方法を考えて自らに課し，観察，実験によって事実を集積し，そこから疑問の解決に向けた考察をする問題解決の過程を経ることが多くあります。特に，小学校の理科では，自然の事物・現象に見られる疑問の中から，帰納的に問題を解決していく授業の展開が多いです。

　第4学年の物と重さの単元も，初めて理科を学ぶ児童にとっては不思議なことがらがいっぱいの面白さがあって，発見した事実を積み上げていって理解を深めます。

　一例として示したのは，単元の第4時で，物の形を変えたときの重さの変化があるのかどうかを調べる展開です。帰納的に探究します。

●帰納的に問題解決を図るときの『学び合い』の目標は？

　帰納的に問題解決を図るときの『学び合い』の考え方による授業の場合の目標は，「○○（解決すべき問題）について，実験の結果を使って，説明することができる」となります。「○○について，予想，調べる方法，調べた結果と一緒に，説明することができる」としてもOKです。

●粘土が児童の考えを膨らませる

　ここでは粘土を使います。粘土は自由自在に形を変えることができます。大きくすることも細かくすることもできるので，児童にとっては自分の考え判断したことに基づいた探究が可能になります。

第3章　これさえあれば大丈夫！さあ，はじめてみよう！　*81*

小学校第3学年理科『学び合い』学習指導案（略案）
1　単元名　「物と重さ」（全7単位時間）
2　本時の位置（第4時）
　　前時　物の置き方を変えると重さは変わるのかどうかについて，実験の結果を使って，クラスの
　　　　　みんなによく分かってもらえるように分かりやすく，自分の言葉で説明することができる。
　　次時　体積が同じでも物によって重さは違うのかどうかについて，実験の結果を使って，クラス
　　　　　のみんなによく分かってもらえるように分かりやすく，自分の言葉で説明することができる。
3　本時の目標
　　物の形を変えると重さは変わるのかどうかについて，実験の結果を使って，クラスのみんなによく
　分かってもらえるように分かりやすく，自分の言葉で説明することができる。
4　指導上の留意点
・児童が選択した探究方法が実現できるよう支援する。
・目標，評価規準を示し，『学び合い』の考え方に基づいて児童の有能性を信じて，児童の学習状況
　を情報公開する。
5　本時の展開

過程	学習活動	予想される児童の反応	指導援助，評価	時間	備考
導入	・本時の目標を理解する。	・「形が変わったら重さは変わるのだろうか。」	・本時の目標と評価規準を示す。	3	・液晶プロジェクタ
	目標：全員が，物の形を変えると重さは変わるのかどうかについて，実験の結果を使って，クラスのみんなによく分かってもらえるように分かりやすく，自分の言葉で説明することができる。				
	・目標達成のための方法を考え，本時の手立てを理解する。	・「どのように考えたらよいのだろう。」・「みんなで助け合ってやろう」	・自分にとって最も良い方法で探究することを促す。・手立てを示す。	2	
展開	手立て：みんなで助け合いながら（みんなに自分の考えを聞いてもらったり，みんなから考えを聞かせてもらったりしながら，あるいは考えのまとまらない人は考えのまとまった人に考えをまとめるこつを教えてもらったり，考えのまとまった人は考えのまとまらない人に考えをまとめるこつを教えてあげたりしながら），みんなが目標達成できるようにしてみよう。				
	・目標を達成するために相談しながら探究する。・分からない人はこつを見つけた人に聞きながら，分かった人はこつを伝えながら調べる。	・はじめの重さが300gで，まるめたときが300g，平らにしたときが300g，細かく分けたときが300gだった。形を変えても物の重さは変わらない。	・全員に情報公開した方が良い追究をしている児童，あるいは発見をした児童を可視化する。・他との関わりがあった場合には褒め，さらなる関わりを促す。・立ち歩きを促す。	30	・資料を教卓に置く。・観察，実験道具一式・粘土
まとめ	・目標を達成する。	・物の形を変えると重さは変わるのかどうかについて，実験の結果を使って，クラスのみんなによく分かってもらえるように分かりやすく，自分の言葉で説明する。	<評価規準>物の形を変えると重さは変わるのかどうかについて，実験の結果を使って，クラスのみんなによく分かってもらえるように分かりやすく，自分の言葉で説明することができる。	10	

3. ACTION 2　指導案の実例2：3年生物　昆虫と植物

●2種類の比較する力を育てる

　小学校第3学年の理科の授業では，比較する力を育てます。比較する力には2種類あります。一つは事物同士あるいは現象同士を比較するものです。一つは時系列における前後での比較です。第3学年ではいずれの比較もできるように授業を展開します。

　昆虫と植物の単元もその一つです。昆虫の内容に関しても植物の内容に関しても当てはまります。

　一例として示したのは，単元の第8時で，昆虫の体のつくりを学ぶ展開です。ここでは前者の比較も後者の比較も必要です。

●チョウの体のつくりと比較して目標達成に迫る

　本時はチョウと比較しながらトンボやバッタの体のつくりを調べる展開です。目標には「チョウとトンボやバッタを比べた結果を使って」という文章を入れます。チョウの個体の体のつくりと比較する活動を通して，目標達成を図ることに依ります。前者の比較する力が育ちます。

●成長の変化を前後で比較して目標達成に迫る

　一方，次時では，成長の変化を前後で比較して調べる展開です。卵から幼虫へと変化し，そして幼虫から成虫へと変化する昆虫の成長の前後を比較しながら学ぶことになります。

　目標は「成長の変化をチョウの育ち方と比較しながら」とします。成長の変化を卵，幼虫，成虫と時系列的に成長を比較させることを通して，目標達成を図ることに依ります。

第3章 これさえあれば大丈夫！さあ，はじめてみよう！　*83*

小学校第3学年理科『学び合い』学習指導案（略案）

1　単元名　「昆虫と植物（昆虫）」（全13単位時間）
2　本時の位置（第8時）
　前時　昆虫かどうかを見分けるためには何を調べたら良いのかについて，クラスのみんなによく分
　　　　かってもらえるように分かりやすく，自分の言葉で説明することができる。
　次時　トンボやバッタはどのように育って成虫になるのかについて，成長の変化をチョウの育ち方
　　　　と比較しながら，クラスのみんなによく分かってもらえるように分かりやすく，自分の言葉
　　　　で説明することができる。
3　本時の目標
　　昆虫の体のつくりについて，チョウとトンボやバッタを比べた結果を使って，クラスのみんなによ
　く分かってもらえるように分かりやすく，自分の言葉で説明することができる。
4　指導上の留意点
・児童が選択した探究方法が実現できるよう支援する。
・目標，評価規準を示し，『学び合い』の考え方に基づいて児童の有能性を信じて，児童の学習状況
　を情報公開する。
5　本時の展開

階段	学習活動	予想される児童の反応	指導援助，評価	時間	備考
導入	・本時の目標を理解する。	・「トンボやバッタの体のつくりはどのようになっているのだろうか。」	・本時の目標と評価規準を示す。	3	・液晶プロジェクタ
	目標：全員が，昆虫の体のつくりについて，チョウとトンボやバッタを比べた結果を使って，クラスのみんなによく分かってもらえるように分かりやすく，自分の言葉で説明することができる。				
	・目標達成のための方法を考え，本時の手立てを理解する。	・「どのように考えたらよいのだろう。」・「みんなで助け合ってやろう」	・自分にとって最も良い方法で探究することを促す。・手立てを示す。	2	
展開	手立て：みんなで助け合いながら（みんなに自分の考えを聞いてもらったり，みんなから考えを聞かせてもらったりしながら，あるいは考えのまとまらない人は考えのまとまった人に考えをまとめるこつを教えてもらったり，考えのまとまった人は考えのまとまらない人に考えをまとめるこつを教えてあげたりしながら），みんなが目標達成できるようにやってみよう。				
	・目標を達成するために相談しながら探究する。・分からない人はこつを見つけた人に聞きながら，分かった人はこつを伝えながら調べる。	・トンボとバッタは，チョウと同じように，頭，胸，腹からできていた。胸に足が6本あった。昆虫の成虫の体はどれも，頭，胸，腹からできていて，胸に足が6本ある。	・全員に情報公開した方が良い追究をしている児童，あるいは発見をした児童を可視化する。・他との関わりがあった場合には褒め，さらなる関わりを促す。・立ち歩きを促す。	30	・資料を教卓に置く。・観察道具・材料一式
まとめ	・目標を達成する。	・昆虫の体のつくりについて，チョウとトンボやバッタを比べた結果を使って，クラスのみんなによく分かってもらえるように分かりやすく，自分の言葉で説明する。	＜評価規準＞昆虫の体のつくりについて，チョウとトンボやバッタを比べた結果を使って，クラスのみんなによく分かってもらえるように分かりやすく，自分の言葉で説明することができる。	10	

4. ACTION 3　指導案の実例3：3年地学　太陽と地面の様子

●理科の授業ではなぜそのように考えたのかを大切にする

　理科の授業では，理由を考えさせることが大切です。2つの場面があり，一つは予想させるときです。もう一つは考察させるときです。特に，第3学年ははじめて理科の授業を受けるのですから，その2つの場面でなぜそのように考えたのかを自分のものとしてしっかり持たせることが大切です。

　第3学年の太陽と地面の様子の単元のその一つです。一例として示したのは，単元の第3時で，太陽は動いているのかどうかを調べる展開です。結果を使って答えを出すのですが，なぜそのように考えたのかを求めます。

●目標に「なぜそのように考えたのか」を入れる

　目標には，「そのように考えた理由と一緒に」という文章を入れて，観察結果から答えを導く過程に理由を求めます。児童に理由を求めることによって，児童は自分の考えをまとめることができますし，事実を使って論理的に思考し始めるようになります。初めて理科を学びますので，分からない児童は友だちに聞くでしょうが，それによって論理的な思考のきっかけをつかむことができるようになります。

●校外での観察の結果を使うことを求める

　理科の授業では，校外で観察する授業があります。その場合には，校外で観察した結果を使うことを求めます。そのことを目標の中に盛り込むことが，『学び合い』授業を成功に導くポイントです。

第3章　これさえあれば大丈夫！さあ，はじめてみよう！　　85

小学校第3学年理科『学び合い』学習指導案（略案）

1　単元名　「太陽と地面の様子」（全13単位時間）
2　本時の位置（第3時）
　　前時　陰はどこにできるのかについて，外で観察した結果を使って，そのように考えた理由と一緒
　　　　　に，クラスのみんなによく分かってもらえるように分かりやすく，自分の言葉で説明するこ
　　　　　とができる。
　　次時　太陽は1日の間にどのように動いているのかについて，外で太陽を観察した結果を使って，
　　　　　そのように考えた理由と一緒に，クラスのみんなによく分かってもらえるように分かりやす
　　　　　く，自分の言葉で説明することができる。
3　本時の目標
　　太陽は動いているのかについて，外で太陽を観察した結果を使って，そのように考えた理由と一緒
　に，クラスのみんなによく分かってもらえるように分かりやすく，自分の言葉で説明することができ
　る。
4　指導上の留意点
・児童が選択した探究方法が実現できるよう支援する。
・目標，評価規準を示し，『学び合い』の考え方に基づいて児童の有能性を信じて，児童の学習状況
　を情報公開する。
5　本時の展開

階段	学習活動	予想される児童の反応	指導援助，評価	時間	備考
導入	・本時の目標を理解する。	・「太陽は動いているのだろうか。」	・本時の目標と評価規準を示す。	3	・液晶プロジェクタ
	目標：全員が，太陽は動いているのかについて，外で太陽を観察した結果を使って，そのように考えた理由と一緒に，クラスのみんなによく分かってもらえるように分かりやすく，自分の言葉で説明することができる。				
	・目標達成のための方法を考え，本時の手立てを理解する。	・「どのように考えたらよいのだろう。」 ・「みんなで助け合ってやろう」	・自分にとって最も良い方法で探究することを促す。 ・手立てを示す。	2	
展開	手立て：みんなで助け合いながら（みんなに自分の考えを聞いてもらったり，みんなから考えを聞かせてもらったりしながら，あるいは考えのまとまらない人は考えのまとまった人に考えをまとめるこつを教えてもらったり，考えのまとまった人は考えのまとまらない人に考えをまとめるこつを教えてあげたりしながら），みんなが目標達成できるようにやってみよう。				
	・目標を達成するために相談しながら探究する。 ・分からない人はこつを見つけた人に聞きながら，分かった人はこつを伝えながら調べる。	・自分の体や頭を動かさないようにして太陽を観察したら，太陽が校舎の後ろに隠れた。自分が動くと太陽の見える位置も変わるため，自分が動いていないのに太陽が隠れたから，太陽は少しずつ動いている。	・全員に情報公開した方が良い追究をしている児童，あるいは発見をした児童を可視化する。 ・他との関わりがあった場合には褒め，さらなる関わりを促す。 ・立ち歩きを促す。	30	・資料を教卓に置く。 ・観察道具一式
まとめ	・目標を達成する。	・太陽は動いているのかについて，外で太陽を観察した結果を使って，そのように考えた理由と一緒に，クラスのみんなによく分かってもらえるように分かりやすく，自分の言葉で説明する。	〈評価規準〉 太陽は動いているのかについて，外で太陽を観察した結果を使って，そのように考えた理由と一緒に，クラスのみんなによく分かってもらえるように分かりやすく，自分の言葉で説明することができる。	10	

5. ACTION 4　指導案の実例 4：4 年物理　金属，水，空気と温度

●**理科の授業で 2 単位時間で扱ったときの『学び合い』**

　理科の授業では，2 単位時間にわたって，自然の事物・現象との出会いから問題解決に至るまでの過程を辿ることがあります。その場合の一例として，1 単位時間目に，自然の事物・現象と出会って道筋を自らに課して観察，実験を行い，2 単位時間目にその結果から問題の解決に至るまでを行うことができます。第 4 学年の金属，水，空気と温度の単元の中にも，2 単位時間扱いで展開を組むことのある授業があります。

　一例として示したのは，単元の第 2 時の単位時間で，この単位時間と次の第 3 時の 2 単位時間で問題解決の過程を辿る展開です。2 単位時間扱いの 1 単位時間目の授業です。

●**予想し実験方法を考えたことを可視化して説明させる**

　目標には，「どのように予想し，どのような実験方法を考えて実験し，どのような結果になったのか」を説明することを入れました。理科の『学び合い』の場合，「実験の結果を使って」説明することを求める目標が多いのですが，結果だけでなく，予想や実験方法を説明させることによって，問題解決のプロセスを大切にすることができます。

●**目標に対する答えと合格基準を作ってみると分かるコツ**

　目標に対する答えと合格基準を授業前に作っておくことがとても大切です。具体的な答えと合格基準を自分で作ってみることで，目標の善し悪しを授業前に教師自身が自己評価することができるからです。

　理科の『学び合い』を成功させるポイントの一つです。

第3章　これさえあれば大丈夫！さあ，はじめてみよう！　　87

小学校第4学年理科『学び合い』学習指導案（略案）

1　単元名　「金属，水，空気の温度」（全11単位時間）
2　本時の位置（第2時）
　　前時　金属のスプーンを熱い湯につけたとき湯につかっていない部分が暖かくなるのはなぜかについて，そのように考えた理由と一緒に，クラスのみんなによく分かってもらえるように分かりやすく，自分の言葉で説明することができる。
　　次時　前時の実験の結果を使って，金属はどのように温まるのかを，クラスのみんなによく分かってもらえるように分かりやすく，自分の言葉で説明することができる。
3　本時の目標
　　金属はどのように温まるのかについて，どのように予想し，どのような実験方法を考えて実験し，どのような結果になったのかを，クラスのみんなによく分かってもらえるように分かりやすく，自分の言葉で説明することができる。
4　指導上の留意点
・児童が選択した探究方法が実現できるよう支援する。
・目標，評価規準を示し，『学び合い』の考え方に基づいて児童の有能性を信じて，児童の学習状況を情報公開する。
5　本時の展開

段階	学習活動	予想される児童の反応	指導援助，評価	時間	備考
導入	・本時の目標を理解する。	・「金属はどのように温まるのだろうか。」	・本時の目標と評価規準を示す。	3	・液晶プロジェクタ
	目標：全員が，金属はどのように温まるのかについて，どのように予想し，どのような実験方法を考えて実験し，どのような結果になったのかを，クラスのみんなによく分かってもらえるように分かりやすく，自分の言葉で説明することができる。				
	・目標達成のための方法を考え，本時の手立てを理解する。	・「どのように考えたらよいのだろう。」 ・「みんなで助け合ってやろう」	・自分にとって最も良い方法で探究することを促す。 ・手立てを示す。	2	
展開	手立て：みんなで助け合いながら（みんなに自分の考えを聞いてもらったり，みんなから考えを聞かせてもらったりしながら，あるいは考えのまとまらない人は考えのまとまった人に考えをまとめるこつを教えてもらったり，考えのまとまった人は考えのまとまらない人に考えをまとめるこつを教えてあげたりしながら），みんなが目標達成できるようにやってみよう。				
	・目標を達成するために相談しながら探究する。 ・分からない人はこつを見つけた人に聞きながら，分かった人はこつを伝えながら調べる。	・金属の棒は熱したところから温まっていくと予想して，棒の端を熱して実験する方法を考えてやってみた。そうしたら，熱したところから温まっていった。金属の板は熱したところから順に温まっていくと予想して，板の端を熱して実験する方法を考えてやってみた。そうしたら，熱したところから順に温まっていった。	・全員に情報公開した方が良い追究をしている児童，あるいは発見をした児童を可視化する。 ・他との関わりがあった場合には褒め，さらなる関わりを促す。 ・立ち歩きを促す。	30	・資料を教卓に置く。 ・金属加熱実験器具一式
まとめ	・目標を達成する。	・金属はどのように温まるのかについて，どのように予想し，どのような実験方法を考えて実験し，どのような結果になったのかを，クラスのみんなによく分かってもらえるように分かりやすく，自分の言葉で説明する。	＜評価規準＞ 金属はどのように温まるのかについて，どのように予想し，どのような実験方法を考えて実験し，どのような結果になったのかを，クラスのみんなによく分かってもらえるように分かりやすく，自分の言葉で説明することができる。	10	

6. ACTION 5 指導案の実例5：4年生物 人の体のつくりと運動

●日常生活における自然現象を科学的に観察し，処理する

　理科の授業では，日常生活における自然現象を科学的に観察し，処理する能力を育てることが大切です。特に，児童が身近に感じる実生活の中に見られる自然の事物・現象と関連づけながら学ぶことが求められます。第4学年の人の体のつくりと運動の単元もその一つです。単元を通して，自分の体や身近なところで接している人の体のつくりと運動について学ぶところです。

　一例として示したのは，単元の最後の単位時間で，これまでの学習を振り返り，人の体のつくりと運動についてまとめる展開です。単元のまとめとしての位置付けになる単位時間なので，それまでに扱った用語を目標に入れるとともに，その用語をキーワードとして使って説明できるようになることを求めます。

●キーワードは厳選して2〜3個にする

　キーワードを設定して説明を求める場合には，量的に2〜3個がより良いです。単元のまとめだからと言って，あまりに数多く設定しないように心掛けます。したがって，どの用語をキーワードとして設定したら良いかを厳選することが，『学び合い』成功のポイントです。

●単元のまとめで『学び合い』の授業を始めよう

　『学び合い』の授業では目標達成に向けて，誰に聞いても構わないし，誰と一緒に勉強しても構わないし，どこで勉強しても構わないのです。そのことは単元のまとめとしては取り組みやすい要因です。

第3章　これさえあれば大丈夫！さあ，はじめてみよう！　　*89*

小学校第4学年理科『学び合い』学習指導案（略案）

1　単元名　「人の体のつくりと運動」（全5単位時間）
2　本時の位置（第5時）
　　前時　動物はどのように体を動かしているのかについて，調べた結果を使って，クラスのみんなに
　　　　よく分かってもらえるように分かりやすく，自分の言葉で説明することができる。
　　次時　なし
3　本時の目標
　　私たちがボールを蹴ることができるのは足の骨と筋肉，関節がどのように働くからなのかについて，
　　骨，筋肉，関節の言葉を使って，クラスのみんなによく分かってもらえるように分かりやすく，自分
　　の言葉で説明することができる。
4　指導上の留意点
・児童が選択した探究方法が実現できるよう支援する。
・目標，評価規準を示し，『学び合い』の考え方に基づいて児童の有能性を信じて，児童の学習状況
　を情報公開する。
5　本時の展開

段階	学習活動	予想される児童の反応	指導援助，評価	時間	備考
導入	・本時の目標を理解する。	・「ボールを蹴るのは骨と筋肉，関節がどんなふうに働いているのだろうか。」	・本時の目標と評価規準を示す。	3	液晶プロジェクタ
	目標：全員が，私たちがボールを蹴ることができるのは足の骨と筋肉，関節がどのように働くからなのかについて，骨，筋肉，関節の言葉を使って，クラスのみんなによく分かってもらえるように分かりやすく，自分の言葉で説明することができる。				
	・目標達成のための方法を考え，本時の手立てを理解する。	・「どのように考えたらよいのだろう。」・「みんなで助け合ってやろう」	・自分にとって最も良い方法で探究することを促す。・手立てを示す。	2	
展開	手立て：みんなで助け合いながら（みんなに自分の考えを聞いてもらったり，みんなから考えを聞かせてもらったり，あるいは考えのまとまらない人は考えのまとまった人に考えをまとめるこつを教えてもらったり，考えのまとまった人は考えのまとまらない人に考えをまとめるこつを教えてあげたりしながら），みんなが目標達成できるようにやってみよう。				
	・目標を達成するために相談しながら探究する。・分からない人はこつを見つけた人に聞きながら，分かった人はこつを伝えながら調べる。	・太ももの後ろ側の筋肉が縮み，前側の筋肉が緩むことで膝の関節の部分で足が曲がり，膝から下の部分を振り上げることができる。蹴り出すときは太ももの前側の筋肉が縮み，後ろ側の筋肉が緩むことで足がまっすぐに伸び，その勢いでボールを蹴ることができる。骨が太ももを支え，筋肉が縮んだり緩んだりすることでボールを蹴ることができる。	・全員に情報公開した方が良い追究をしている児童，あるいは発見をした児童を可視化する。・他との関わりがあった場合には褒め，さらなる関わりを促す。・立ち歩きを促す。	30	・資料を教卓に置く。
まとめ	・目標を達成する。	・私たちがボールを蹴ることができるのは足の骨と筋肉，関節がどのように働くからなのかについて，骨，筋肉，関節の言葉を使って，クラスのみんなによく分かってもらえるように分かりやすく，自分の言葉で説明する。	＜評価規準＞私たちがボールを蹴ることができるのは足の骨と筋肉，関節がどのように働くからなのかについて，骨，筋肉，関節の言葉を使って，クラスのみんなによく分かってもらえるように分かりやすく，自分の言葉で説明することができる。	10	

7．ACTION 6　指導案の実例6：4年地学　月と星

●月と星の学びには実際の観察が欠かせない

　地学的領域の天体の学習では，実際の空の月と星を観察することが欠かせません。月や星の観察を通して，月や星の美しさを感じ取らせ，宇宙に対する豊かな心情を育むことに依ります。第4学年の月と星の単元も，実際の空に見える月と星の観察が欠かせない単元の一つです。

　一例として示したのは，単元の第2時の単位時間で，上弦の月（月齢7〜8）を午前中ないしは午後の授業で実際に観察する展開です。目標に「実際の月の観察の結果を使って」と入れて，1単位時間のうちに，2回の実施の月の観察ができるようにすることを意図したものです。

●前時に観察，実験方法を説明できるようにする

　前時には，「月はいつも同じ場所にいるのかという疑問を解決するために，どのような方法で観察したら良いのかについて，そのように考えた理由と一緒に，クラスのみんなによく分かってもらえるように分かりやすく，自分の言葉で説明することができる。」という目標を設定して，本時につなげます。

　この前時の活動を通して，第3学年で学んだ太陽の動き方のときの観察，実験の方法を想起させます。また，同じ場所で観察すること，時刻を変えて観察すること，月の見える位置を方位で調べること，目印となる地上物と一緒に方位を記録することを意識化させます。

　ただ単純に教師が語って終わるだけでなく，理由とともになぜそのような方法が必要なのかについて深く学ばせるところです。

第3章　これさえあれば大丈夫！さあ，はじめてみよう！　　*91*

小学校第4学年理科『学び合い』学習指導案（略案）

1　単元名　「月と星」（全5単位時間）
2　本時の位置（第2時）
　前時　月はいつも同じ場所にいるのかという疑問を解決するために，どのような方法で観察したら
　　　　良いのかについて，そのように考えた理由と一緒に，クラスのみんなによく分かってもらえ
　　　　るように分かりやすく，自分の言葉で説明することができる。
　次時　星も太陽や月と同じように動いているのかどうかについて，実際の観察の結果を使って，ク
　　　　ラスのみんなによく分かってもらえるように分かりやすく，自分の言葉で説明することがで
　　　　きる。
3　本時の目標
　　月も太陽と同じ動き方をしているのかどうかについて，実際の月の観察の結果を使って，クラスの
　みんなによく分かってもらえるように分かりやすく，自分の言葉で説明することができる。
4　指導上の留意点
・児童が選択した探究方法が実現できるよう支援する。
・目標，評価規準を示し，『学び合い』の考え方に基づいて児童の有能性を信じて，児童の学習状況
　を情報公開する。
5　本時の展開

段階	学習活動	予想される児童の反応	指導援助，評価	時間	備考
導入	・本時の目標を理解する。	・「月は太陽と同じ動き方をしているのだろうか。」	・本時の目標と評価規準を示す。	3	・液晶プロジェクタ
	目標：全員が，月も太陽と同じ動き方をしているのかどうかについて，実際の月の観察の結果を使って，クラスのみんなによく分かってもらえるように分かりやすく，自分の言葉で説明することができる。				
	・目標達成のための方法を考え，本時の手立てを理解する。	・「どのように考えたらよいのだろう。」 ・「みんなで助け合ってやろう」	・自分にとって最も良い方法で探究することを促す。 ・手立てを示す。	2	
展開	手立て：みんなで助け合いながら（みんなに自分の考えを聞いてもらったり，みんなから考えを聞かせてもらったりしながら，あるいは考えのまとまらない人は考えのまとまった人に考えをまとめるこつを教えてもらったり，考えのまとまった人は考えのまとまらない人に考えをまとめるこつを教えてあげたりしながら），みんなが目標達成できるようにやってみよう。				
	・目標を達成するために相談しながら探究する。 ・分からない人はこつを見つけた人に聞きながら，分かった人はこつを伝えながら調べる。	・「上弦の月を観察したところ，南から西に動いた。月は，太陽と同じように東から南，南から西へ動いている。」	・全員に情報公開した方が良い追究をしている児童，あるいは発見をした児童を可視化する。 ・他との関わりがあった場合には褒め，さらなる関わりを促す。 ・立ち歩きを促す。	30	・資料を教卓に置く。
まとめ	・目標を達成する。	・月も太陽と同じ動き方をしているのかどうかについて，実際の月の観察の結果を使って，クラスのみんなによく分かってもらえるように分かりやすく，自分の言葉で説明する。	<評価規準> 月も太陽と同じ動き方をしているのかどうかについて，実際の月の観察の結果を使って，クラスのみんなによく分かってもらえるように分かりやすく，自分の言葉で説明することができる。	10	

8. ACTION 7 指導案の実例7：5年物理 ふりこの運動

●変える条件について行った観察，実験の結果を使って

ふりこの運動では，おもりの重さ，振れ幅，ふりこの長さの3つの条件を制御して観察，実験を行います。

一例として示したのは，おもりの重さと振れ幅を変えない条件，ふりこの長さを変える条件として観察，実験を行い，その結果からふりこの1往復する時間に関係しているかどうかを考察する授業です。目標は，「全員が，ふりこの長さを変えたときのふりこの1往復する時間がどのようになるのかについて，実験結果を使って，クラスのみんなによく分かってもらえるように分かりやすく，自分の言葉で説明することができる。」です。

●探究のプロセスを大切にするワークシート

次頁はワークシートです。授業の最後に確認テストをして評価するので，これは回収しません。変えない条件をどのように設定して観察，実験したときに，どのような結果が得られるのかについて，手順を追って探究できるようにしてあります。観察，実験はあくまでも目標達成のための手段です。

●○

最上部に一貫してぶれない教師の考えを示します。最下部に「クラスのみんなのサイン」の欄を設けます。観察，実験の結果を使って周りの友だちに自分の考えを説明して，聞いてくれた友だちから納得してもらえたらその友だちにサインをしてもらうように活用します。

第3章　これさえあれば大丈夫！さあ，はじめてみよう！　　93

みんなで助け合いながら，みんなが目標達成できるようにやってみましょう。

> わからなくなったら，助けてもらいましょう。
> こまっているおともだちがいたら，助けてあげましょう。

　ふりこの長さを変えたときのふりこの 1 往復する時間がどのようになるのかについて，実験結果を使って，クラスのみんなによく分かってもらえるように分かりやすく，自分の言葉で説明すると次のようになります。

実験結果
　そろえる条件：おもりの重さ（＿＿＿＿）個(g)，ふりこのふれはば（＿＿＿＿）°。
　10往復する時間（秒）

変える条件	1回目	2回目	3回目
cm			
cm			

　1往復する時間　（10往復する時間（秒）÷10（回））

変える条件	1回目	2回目	3回目	
cm				（小数第2位を四捨五入しよう）
cm				（小数第2位を四捨五入しよう）

　3回の平均　（（1回目＋2回目＋3回目）÷3）

cm		秒
cm		秒

結果を使って「ふりこの長さを変えたときのふりこの 1 往復する時間がどのようになるのか」の答えを書くと，

クラスのみんなのサイン		

9. ACTION 8 指導案の実例 8 : 5 年化学 物のとけ方

●演繹的な探究を促す展開

　物のとけ方は，粒子概念を育てる大切な単元です。目に見えないほど小さな粒子について初めて学ぶので，理解を促すことがなかなか難しいところです。

　一例として示したのは，演繹的な探究を促す観察，実験を行う授業展開です。ゴールを明確にしてそのゴールを導くための証拠となる事実を観察，実験によって見出して目標達成を図る探究が行われます。

　目に見えないミクロな物質を扱うだけに，帰納的な探究を進めたときに強固な素朴概念を持っている子どもたちが，目標になかなかたどり着けない現象を避けることのできる点がメリットです。

　児童はゴールが明確になっているので，目標達成に向けて一目散に取り組み始め，全員が目標を達成できるようになります。

●「みんな」を求めるからこそ生まれる主体性と対話性

　演繹的な展開であるとは言っても，観察，実験を行っただけでは目標達成に至るわけではありません。『学び合い』の授業では，観察，実験によって得られた事実を使って，周りのみんなによく分かってもらえるように説明してあげなければなりません。それもみんなが分かるようにしなければならないのです。「みんな」を求めるだけで，とたんにハードルが高くなります。

　一人の友だちに分かってもらえたとしても，もう一人の友だちが分かってくれなかったらダメです。分かってくれなかった友だちに分かってもらえるように補わなければなりません。対話性だけでなく，どうしたらよいかを自分で考え判断する主体性が生まれ，深い学びを誘発します。

第3章　これさえあれば大丈夫！さあ，はじめてみよう！　　95

小学校第5学年理科『学び合い』学習指導案（略案）

1　単元名　「物のとけ方」（全11単位時間）
2　本時の位置（第3時）
　　前時　物は水にとけてもなくなっていないことを，実験結果を使って，クラスのみんなによく分か
　　　　ってもらえるように分かりやすく，自分の言葉で説明することができる。
　　次時　水の量を増やすと物が水にとける量も増えることを，実験結果を使って，クラスのみんなに
　　　　よく分かってもらえるように分かりやすく，自分の言葉で説明することができる。
3　本時の目標
　　決まった量の水に物がとける量には限りがあること，物によって水にとける量には違いがあること
　を，食塩とミョウバンの実験結果を使って，クラスのみんなによく分かってもらえるように分かりや
　すく，自分の言葉で説明することができる。
4　指導上の留意点
・児童が選択した探究方法が実現できるよう支援する。
・目標，評価規準を示し，『学び合い』の考え方に基づいて児童の有能性を信じて，児童の学習状況
　を情報公開する。
5　本時の展開

段階	学習活動	予想される児童の反応	指導援助，評価	時間	備考
導入	・本時の目標を理解する。	・「食塩とミョウバンのとける量には本当にちがいがあるのだろうか。」	・本時の目標と評価規準を示す。	3	・液晶プロジェクタ
	目標：全員が，決まった量の水に物がとける量には限りがあること，物によって水にとける量には違いがあることを，食塩とミョウバンの実験結果を使って，クラスのみんなによく分かってもらえるように分かりやすく，自分の言葉で説明することができる。				
	・目標達成のための方法を考え，本時の手立てを理解する。	・「どのように考えたらよいのだろう。」・「みんなで助け合ってやろう」	・自分にとって最も良い方法で探究することを促す。・手立てを示す。	2	
展開	手立て：みんなで助け合いながら（みんなに自分の考えを聞いてもらったり，みんなから考えを聞かせてもらったりしながら，あるいは考えのまとまらない人は考えのまとまった人に考えをまとめるこつを教えてもらったり，考えのまとまった人は考えのまとまらない人に考えをまとめるこつを教えてあげたりしながら），みんなが目標達成できるようにやってみよう。				
	・目標を達成するために相談しながら探究する。・分からない人はこつを見つけた人に聞きながら，分かった人はこつを伝えながら調べる。	・食塩は7杯目でとけ残りが出た。だから食塩がとけた量はすり切り6杯だ。ミョウバンはすり切り2杯とけた。だから，決まった量の水に物がとける量には限りがある。物によって違いがある。	・全員に情報公開した方が良い追究をしている児童，あるいは発見をした児童を可視化する。・他との関わりがあった場合には褒め，さらなる関わりを促す。・立ち歩きを促す。	30	・資料を教卓に置く。・食塩，ミョウバンの観察，実験道具一式
まとめ	・目標を達成する。	・決まった量の水に物がとける量には限りがあること，物によって水にとける量には違いがあることを，食塩とミョウバンの実験結果を使って，クラスのみんなによく分かってもらえるように分かりやすく，自分の言葉で説明する。	〈評価規準〉決まった量の水に物がとける量には限りがあること，物によって水にとける量には違いがあることを，食塩とミョウバンの実験結果を使って，クラスのみんなによく分かってもらえるように分かりやすく，自分の言葉で説明することができる。	10	

10. ACTION 9　指導案の実例9：5年生物　植物の発芽, 成長, 結実

●観察, 実験方法を考えさせる場面の工夫

　植物の発芽, 成長, 結実の単元は, 条件制御の能力を育てる大切な単元です。調べるために変える条件と同じにする条件を明確にした上で観察, 実験に臨みます。そのために, どのようにして観察, 実験をしたらよいのかを考えさせます。

　一例として示したのは, 観察, 実験の場面ではなく, 観察, 実験の方法を吟味する場面です。教師用指導書には, 単位時間のねらいとともに評価規準が示されているので参考になります。ここでは, 記載されている評価規準に則って目標を設定します。

●必ず, 理由と一緒に説明させる

　実験方法を考えさせる展開の授業の場合, 教科書に丁寧に方法が書かれているのでそれをそのままノート等に書く児童がいることが予想されます。そこで, 必ず, 理由を添えさせます。なぜそのような実験方法を選択したのかその理由を自分の言葉で書かせます。児童は, クラスのみんなによく分かってもらわなければなりませんから, 一生懸命自分の言葉にして書くようになります。前時も同様です。

●次時はパフォーマンスさせる展開

　次時は, この授業で考えた実験方法で実際に観察, 実験を行います。そこで, 目標は観察, 実験をしてその結果を事実として書き留めることができることとしています。パフォーマンスさせて記録を残すことをねらいとする授業として位置づけています。

第3章　これさえあれば大丈夫！さあ，はじめてみよう！　　97

小学校第5学年理科『学び合い』学習指導案（略案）

1　単元名　　「植物の発芽，成長，結実」（全14単位時間）
2　本時の位置（第2時）
　　前時　春になると多くの種子が芽を出して成長していくのはなぜかについて，そのように考えた理
　　　　　由と一緒に，クラスのみんなによく分かってもらえるように分かりやすく，自分の言葉で説
　　　　　明することができる。
　　次時　種子の発芽と水や温度，空気との関係について，調べる条件と同じにする条件を制御して観
　　　　　察，実験し，結果を記録することができる。
3　本時の目標
　　種子の発芽に，水や温度，空気がどのように関係しているのかを調べる実験方法について，ほかの
　条件の制御と合わせて考え，クラスのみんなによく分かってもらえるように分かりやすく，自分の言
　葉で説明することができる。
4　指導上の留意点
・児童が選択した探究方法が実現できるよう支援する。
・目標，評価規準を示し，『学び合い』の考え方に基づいて児童の有能性を信じて，児童の学習状況
　を情報公開する。
5　本時の展開

過程	学習活動	予想される児童の反応	指導援助，評価	時間	備考
導入	・本時の目標を理解する。	・種子が発芽するためには何が必要なのだろうか。	・本時の目標と評価規準を示す。	3	・液晶プロジェクタ
	目標：全員が，種子の発芽に，水や温度，空気がどのように関係しているのかを調べる実験方法について，ほかの条件の制御と合わせて考え，クラスのみんなによく分かってもらえるように分かりやすく，自分の言葉で説明することができる。				
	・目標達成のための方法を考え，本時の手立てを理解する。	・「どのように考えたらよいのだろう。」 ・「みんなで助け合ってやろう」	・自分にとって最も良い方法で探究することを促す。 ・手立てを示す。	2	
展開	手立て：みんなで助け合いながら（みんなに自分の考えを聞いてもらったり，みんなから考えを聞かせてもらったりしながら，あるいは考えのまとまらない人は考えのまとまった人に考えをまとめるこつを教えてもらったり，考えのまとまった人は考えのまとまらない人に考えをまとめるこつを教えてあげたりしながら），みんなが目標達成できるようにやってみよう。				
	・目標を達成するために相談しながら探究する。 ・分からない人はこつを見つけた人に聞きながら，分かった人はこつを伝えながら調べる。	・発芽に水が必要かどうかを調べるときには，調べる条件が水で同じにする条件が温度と空気だ。だから，同じ温度の場所において，空気にふれていて，水を与える種子と与えない種子で実験する。	・全員に情報公開した方が良い追究をしている児童，あるいは発見をした児童を可視化する。 ・他との関わりがあった場合には褒め，さらなる関わりを促す。 ・立ち歩きを促す。	30	・資料を教卓に置く。
まとめ	・目標を達成する。	・種子の発芽に，水や温度，空気がどのように関係しているのかを調べる実験方法について，ほかの条件の制御と合わせて考え，クラスのみんなによく分かってもらえるように分かりやすく，自分の言葉で説明する。	〈評価規準〉 種子の発芽に，水や温度，空気がどのように関係しているのかを調べる実験方法について，ほかの条件の制御と合わせて考え，クラスのみんなによく分かってもらえるように分かりやすく，自分の言葉で説明することができる。	10	

11. ACTION 10　指導案の実例 10：5 年地学　流水の働き

●モデル実験結果から自然の事物・現象を考察する

　流水の働きの単元は，実際の自然の事物・現象として観察，実験することが難しい内容を含んでいます。そのため，モデル実験を通して学びます。そこでは，自然の事物・現象をモデル実験の各パーツにコンバートして観察，実験し，得られた結果を基にして，それをまた自然の事物・現象へとコンバートして考察する過程を辿ります。その難解な変換の思考作業を協働的に行うのが『学び合い』の良さです。

　一例として示したのは，流れる水の 3 つの働きについて，自然の事物・現象→モデル実験→自然の事物・現象という思考変換過程を促す展開の授業です。モデル実験の結果を使って，自然の事物・現象を考察させる目標設定です。

●目標を児童に誤解されないように工夫する

　ともすると，モデル実験の結果からモデル実験として考察する児童が現れます。教師がこの授業で何を求めているのかがうまく伝わらず，誤解されていることに依ります。それを避けるためには，児童が誤解しない目標にすることが必要です。目標に「実際の川では」を入れることによってそれを防ぐことができます。

●教師の期待する答えを 1 部黒板に掲示する

　○教師の期待する答えを A4 サイズか B5 サイズで 1 部用意し，黒板等に掲示します。黒板に行かないと見えないサイズがポイントです。児童には，教師が何を求めているのかがはっきりと伝わります。

第3章　これさえあれば大丈夫！さあ，はじめてみよう！　99

小学校第5学年理科『学び合い』学習指導案（略案）

1　単元名　「流水の働き」（全12単位時間）
2　本時の位置（第3時）
　　前時　流れる場所によって川と川原の石の様子にどのような違いがあるのかについて，調べた結果
　　　　　を使って，クラスのみんなによく分かってもらえるように分かりやすく，自分の言葉で説明
　　　　　することができる。
　　次時　流れる水のはたらきがどのようなときに大きくなるのかについて，実験結果を使って，クラ
　　　　　スのみんなによく分かってもらえるように分かりやすく，自分の言葉で説明することができ
　　　　　る。
3　本時の目標
　　実際の川では流れる水には3つのはたらきがあることについて，実験の結果を使って，クラスのみ
　んなによく分かってもらえるように分かりやすく，自分の言葉で説明することができる。
4　指導上の留意点
・児童が選択した探究方法が実現できるよう支援する。
・目標，評価規準を示し，『学び合い』の考え方に基づいて児童の有能性を信じて，児童の学習状況
　を情報公開する。
5　本時の展開

段階	学習活動	予想される児童の反応	指導援助，評価	時間	備考
導入	・本時の目標を理解する。	・「水が流れるとどのようになるのだろうか。」	・本時の目標と評価規準を示す。	3	・液晶プロジェクタ
	目標：全員が，実際の川では流れる水には3つのはたらきがあることについて，実験の結果を使って，クラスのみんなによく分かってもらえるように分かりやすく，自分の言葉で説明することができる。				
	・目標達成のための方法を考え，本時の手立てを理解する。	・「どのように考えたらよいのだろう。」・「みんなで助け合ってやろう」	・自分にとって最も良い方法で探究することを促す。・手立てを示す。	2	
展開	手立て：みんなで助け合いながら（みんなに自分の考えを聞いてもらったり，みんなから考えを聞かせてもらったりしながら，あるいは考えのまとまらない人は考えのまとまった人に考えをまとめるこつを教えてもらったり，考えのまとまった人は考えのまとまらない人に考えをまとめるこつを教えてあげたりしながら），みんなが目標達成できるようにやってみよう。				
	・目標を達成するために相談しながら探究する。・分からない人はこつを見つけた人に聞きながら，分かった人はこつを伝えながら調べる。	・水を流すと穴が空き，頂に置いた旗が流され，砂が下の方にたまった。このことから考えると，実際の川を流れる水には，地面を削ったり，土や石を運んだり，流されてきた土や石を積もらせたりするはたらきがある。	・全員に情報公開した方が良い追究をしている児童，あるいは発見をした児童を可視化する。・他との関わりがあった場合には褒め，さらなる関わりを促す。・立ち歩きを促す。	30	・資料を教卓に置く。・モデル実験装置一式
まとめ	・目標を達成する。	・実際の川では流れる水には3つのはたらきがあることについて，実験の結果を使って，クラスのみんなによく分かってもらえるように分かりやすく，自分の言葉で説明する。	〈評価規準〉実際の川では流れる水には3つのはたらきがあることについて，実験の結果を使って，クラスのみんなによく分かってもらえるように分かりやすく，自分の言葉で説明することができる。	10	

12. ACTION 11　指導案の実例11：6年物理　電気の利用

●パフォーマンスを求める目標を作る

　理科の授業ではものづくりをする単元が多くあります。第6学年の電気の利用の単元もその一つです。ものづくりをするときには，パフォーマンスを求めますので，作品として仕上がることが目標となります。合格基準となる必要な要素，電気の利用の単元の場合，それまでに学習した発熱，発電，蓄電そして光・音・熱・運動への変換が利用されているおもちゃであればOKです。

　一例として示したのは，単元週末段階での2単位時間扱いのおもちゃのものづくりの授業です。パフォーマンスを求めるのでおもちゃを作ることができる点を目標に盛り込みます。

●どのような電気の性質を利用しているのかを書かせる

　どのような電気の性質を利用したおもちゃなのかを説明できるように工夫します。全員に用紙を渡し，どのような電気の性質を利用したのかを書かせておもちゃの作品の脇に添えるようにします。おもちゃを作った理由を書いてもらうともっと良いでしょう。

●付箋紙を持たせて相互評価をさせる時間を取る

　最後の10分を利用して，みんなが目標達成したことを確認し，相互評価ができるよう工夫します。全員に付箋紙等を持たせて，交流タイムを持ちます。友だちのおもちゃを見て，付箋紙に感想を書いて渡す評価活動を行うことによって，友だちの作ったおもちゃの特徴と良さを見つけることができます。

第3章　これさえあれば大丈夫！さあ，はじめてみよう！　101

小学校第6学年理科『学び合い』学習指導案（略案）

1　単元名　「電気の利用」（全14単位時間）
2　本時の位置（第12・13時）
　前時　電熱線の太さによって発熱の仕方が変わるのかどうかについて，実験結果を使って，クラス
　　　のみんなによく分かってもらえるように分かりやすく，自分の言葉で説明することができる。
　次々時　電気の利用と私たちのくらしについて，具体的な例を挙げながら，クラスのみんなによく
　　　　分かってもらえるように分かりやすく，自分の言葉で説明することができる。
3　本時・次時の目標
　電気の性質を利用したおもちゃを作ることができる。
4　指導上の留意点
・児童が選択した探究方法が実現できるよう支援する。
・目標，評価規準を示し，『学び合い』の考え方に基づいて児童の有能性を信じて，児童の学習状況
　を情報公開する。
5　本時の展開

階段	学習活動	予想される児童の反応	指導援助，評価	時間	備考
導入	・本時の目標を理解する。	・「電気のどのような性質を利用したら良いのだろうか。」	・本時の目標と評価規準を示す。	6	・液晶プロジェクタ
	目標：全員が，電気の性質を利用したおもちゃを作ることができる。				
	・目標達成のための方法を考え，本時の手立てを理解する。	・「どのように考えたらよいのだろう。」・「みんなで助け合ってやろう」	・自分にとって最も良い方法で探究することを促す。・手立てを示す。	4	
展開	手立て：みんなで助け合いながら（みんなに自分の考えを聞いてもらったり，みんなから考えを聞かせてもらったりしながら，あるいは考えのまとまらない人は考えのまとまった人に考えをまとめるこつを教えてもらったり，考えのまとまった人は考えのまとまらない人に考えをまとめるこつを教えてあげたりしながら），みんなが目標達成できるようにやってみよう。				
	・目標を達成するために相談しながら探究する。・分からない人はこつを見つけた人に聞きながら，分かった人はこつを伝えながら調べる。	・「コンデンサーに電気をためておいて，日陰でも走ることのできる車を作る。」・「電熱線の発熱を利用して，発砲ポリスチレンカッターを作る。」	・全員に情報公開した方が良い追究をしている児童，あるいは発見をした児童を可視化する。・他との関わりがあった場合には褒め，さらなる関わりを促す。・立ち歩きを促す。	70	・資料を教卓に置く。
まとめ	・目標を達成する。	・電気の性質を利用したおもちゃを作る。	〈評価規準〉電気の性質を利用したおもちゃを作ることができる。	10	

13. ACTION 12　指導案の実例 12：6 年化学　燃焼の仕組み

●途中で間違っていてもつまづいても戻って考えても OK

『学び合い』の授業で使うワークシートは回収しません。名前を書く欄も設けません。そのことによって，児童が安心して目標達成に向かうことができます。途中で間違っても OK，途中でつまづいても OK，寄り道しても OK，一度休んでもいいし，前に戻って考え直しても OK だということが児童に伝わります。

最初から全部分かっている人などいないですし，理解の仕方は人それぞれで違っていて当たり前なのですから，最後に分かっていれば OK，最後にできていれば OK なのだという教師の明確な意図が児童に伝わるからです。

●観察，実験の結果を使って推論させる

理科の授業では，いくつかの結果を吟味して推論する力を身に付けることが大切です。第 6 学年の燃焼の仕組みの単元もその一つです。推論する過程では，複数の観察，実験の結果を基にして，自分で考え判断し，表現します。『学び合い』の授業では，その推論する力を友だちに説明させることを通して互恵的に培います。

一例として示したのは，前時に観察，実験によって得た 2 つの結果（気体検知管で調べた結果と石灰水を使って調べた結果）を基に，空気の質的変化について推論させる展開です。

言葉で説明してもかまいませんし，図を使って説明してもかまいません。大切なことは，観察，実験の結果が自分の考え表現したことの証拠となっているかどうかです。そのことが周りの友だちを納得させる原動力となるとともに，自分の理解を促すことにつながるからです。

第3章　これさえあれば大丈夫！さあ，はじめてみよう！　　*103*

小学校第6学年理科『学び合い』学習指導案（略案）

1　単元名　　「燃焼の仕組み」（全7単位時間）
2　本時の位置（第6時）
　　前時　燃える前と燃えた後の瓶の中の空気について，気体検知管と石灰水を使って観察，実験し，
　　　　　結果を記録することができる。
　　次時　私たちが暮らしの中で使う道具には空気が下から上に絶えず流れるような工夫が施されてい
　　　　　るものがあることについて，具体的な例を挙げながら，クラスのみんなによく分かってもら
　　　　　えるように分かりやすく，自分の言葉で説明することができる。
3　本時の目標
　　物が燃える前と物が燃えた後で空気はどのように変わるのかについて，実験結果を使って，クラス
　のみんなによく分かってもらえるように分かりやすく，自分の言葉で説明することができる。
4　指導上の留意点
・児童が選択した探究方法が実現できるよう支援する。
・目標，評価規準を示し，『学び合い』の考え方に基づいて児童の有能性を信じて，児童の学習状況
　を情報公開する。
5　本時の展開

階	学習活動	予想される児童の反応	指導援助，評価	時間	備考
導入	・本時の目標を理解する。	・「燃える前と後で空気はどのように変わるのだろうか。」	・本時の目標と評価規準を示す。	3	・液晶プロジェクタ
	目標：全員が，物が燃える前と物が燃えた後で空気はどのように変わるのかについて，実験結果を使って，クラスのみんなによく分かってもらえるように分かりやすく，自分の言葉で説明することができる。				
	・目標達成のための方法を考え，本時の手立てを理解する。	・「どのように考えたらよいのだろう。」 ・「みんなで助け合ってやろう」	・自分にとって最も良い方法で探究することを促す。 ・手立てを示す。	2	
展開	手立て：みんなで助け合いながら（みんなに自分の考えを聞いてもらったり，みんなから考えを聞かせてもらったりしながら，あるいは考えのまとまらない人は考えのまとまった人に考えをまとめるこつを教えてもらったり，考えのまとまった人は考えのまとまらない人に考えをまとめるこつを教えてあげたりしながら），みんなが目標達成できるようにやってみよう。				
	・目標を達成するために相談しながら探究する。 ・分からない人はこつを見つけた人に聞きながら，分かった人はこつを伝えながら調べる。	・「ろうそくが燃える前と燃えた後の空気を調べたら，燃える前の空気は石灰水が変化しなかった。燃えた後の空気は石灰水が白く濁った。気体検知管で調べたら燃えた後の空気の酸素の割合が減った。だから，物が燃えると空気中の酸素の一部が使われて二酸化炭素ができる。」	・全員に情報公開した方が良い追究をしている児童，あるいは発見をした児童を可視化する。 ・他との関わりがあった場合には褒め，さらなる関わりを促す。 ・立ち歩きを促す。	30	・資料を教卓に置く。
まとめ	・目標を達成する。	・物が燃える前と物が燃えた後で空気はどのように変わるのかについて，実験結果を使って，クラスのみんなによく分かってもらえるように分かりやすく，自分の言葉で説明する。	〈評価規準〉 物が燃える前と物が燃えた後で空気はどのように変わるのかについて，実験結果を使って，クラスのみんなによく分かってもらえるように分かりやすく，自分の言葉で説明することができる。	10	

14. ACTION 13　指導案の実例 13：6 年生物　植物の養分と水の通り道

●対照実験の授業では理由を聞く

　理科の授業では，対照実験を行う単元があります。第 6 学年の植物の養分と水の通り道の単元もその一つです。第 5 学年で条件制御を行う力を身に付けますから，目的とする条件について調べるために目的以外の条件を全く同じにして観察，実験を行います。

　一例として示したのは，単元の第 3 時での蒸散についての対照実験の授業です。目標は，「植物のからだを通って葉に運ばれた水はどうなるのかについて，実験結果を使って，そのように考えた理由と一緒に，クラスのみんなによく分かってもらえるように分かりやすく，自分の言葉で説明する」です。

　葉がついているかついていないかに関して行った実験結果を比較して目標達成に向かいます。理由を答えさせることによって，葉のついたホウセンカと葉をとったホウセンカとの違いに注目して考察させる意図を盛り込みます。

●理由は考えのアウトプット

　『学び合い』の授業では，アウトプット型の目標設定をします。説明できるようになることを求めることもその一つですが，なぜそのように考えたのかをアウトプットさせることも大切なことです。

　理科の授業では，観察，実験の結果が証拠となって，理由を書かせることが自分の考えの可視化，つまりアウトプットになり，説明させることがもうひとつのアウトプットとなる答えになります。

　アウトプットさせることが理科で『学び合い』を成功させるポイントです。

第3章　これさえあれば大丈夫！さあ，はじめてみよう！　　*105*

みんなで助け合いながら，みんなが目標達成できるようにやってみましょう。

> わからなくなったら，助けてもらいましょう。
> こまっているおともだちがいたら，助けてあげましょう。

　植物のからだを通って葉に運ばれた水はどうなるのかについて，実験結果を使って，そのように考えた理由と一緒に，クラスのみんなによく分かってもらえるように分かりやすく，自分の言葉で説明すると次のようになります。

実験結果

	葉のついたホウセンカ	葉をとったホウセンカ
実験を始める前のようす		
実験が終わったときのようす		

結果を使って「植物のからだを通って葉に運ばれた水はどうなるのか」の答えを書くと，

その理由は，

クラスのみんなのサイン		

15. ACTION 14　指導案の実例14：6年地学　土地のつくり と変化

●野外観察ではその場で理解を促す

　理科の授業では，野外観察を行う単元があります。第6学年の土地のつくりと変化の単元もその一つです。野外観察を行う場合には，理科室に戻ったりもう一度野外観察に出かけたりすることは難しいです。学校に戻ってきてからでは忘れてしまいかねません。ですから，可能な限り，現地で観察，実験して得た事実を現地で考察し理解を促すことが求められます。

　一例として示したのは，単元の第5・6時の2単位時間扱いでの野外観察を実施する授業です。露頭の観察によって得られる情報から考察して互恵的に学びますが，自分の観察や考察で十分でなかった点や自分の観察や考察を周りの友だちのものと比較する点において効果的です。そのことから，野外観察の結果を使って特徴を説明させるように目標を設定します。

●いくつ説明したら良いのかを活動前に伝える

　説明を求める目標の場合，どれだけの内容をいくつ説明できるようになることを求めるのかをはっきりと児童に伝える必要あります。

　ここでは，特徴を2つ説明できるようになることを求めることにしています。

　『学び合い』では，いくつのことを求めているのかをはっきりと子どもたちに活動前に提示することが大切なポイントです。

第3章　これさえあれば大丈夫！さあ，はじめてみよう！　*107*

小学校第6学年理科『学び合い』学習指導案（略案）

1　単元名　「土地のつくりと変化」（全11単位時間）
2　本時の位置（第5・6時）
　　前時　がけがしま模様になっている理由について，野外観察の結果を使って，クラスのみんなによく分かってもらえるように分かりやすく，自分の言葉で説明することができる。
　　次々時　火山のはたらきでできた地層はどんな特徴があるのかについて，野外観察の結果を使って，クラスのみんなによく分かってもらえるように分かりやすく，自分の言葉で説明することができる。
3　本時・次時の目標
　　水のはたらきでできた地層はどんな特徴があるのかについて，野外観察の結果を使って，クラスのみんなによく分かってもらえるように分かりやすく，自分の言葉で2つ説明することができる。
4　指導上の留意点
・児童が選択した探究方法が実現できるよう支援する。
・目標，評価規準を示し，『学び合い』の考え方に基づいて児童の有能性を信じて，児童の学習状況を情報公開する。
5　本時の展開

段階	学習活動	予想される児童の反応	指導援助，評価	時間	備考
導入	・本時の目標を理解する。	・「水でできた地層の特徴はどのようだろうか。」	・本時の目標と評価規準を示す。	6	・液晶プロジェクタ
	目標：全員が，水のはたらきでできた地層はどんな特徴があるのかについて，野外観察の結果を使って，クラスのみんなによく分かってもらえるように分かりやすく，自分の言葉で2つ説明することができる。				
	・目標達成のための方法を考え，本時の手立てを理解する。	・「どのように考えたらよいのだろう。」 ・「みんなで助け合ってやろう」	・自分にとって最も良い方法で探究することを促す。 ・手立てを示す。	4	
展開	手立て：みんなで助け合いながら（みんなに自分の考えを聞いてもらったり，みんなから考えを聞かせてもらったりしながら，あるいは考えのまとまらない人は考えのまとまった人に考えをまとめるこつを教えてもらったり，考えのまとまった人は考えのまとまらない人に考えをまとめるこつを教えてあげたりしながら），みんなが目標達成できるようにやってみよう。				
	・目標を達成するために相談しながら探究する。 ・分からない人はこつを見つけた人に聞きながら，分かった人はこつを伝えながら調べる。	・「地層の中に含まれる礫は角が取れて丸みを帯びている。これらの礫が川原で見られる礫の形に似ている。」 ・「地層の縞模様は，礫や砂，泥などの層でできていて，一つの層で見ると，下に大きい粒（礫），上に小さい粒（砂や泥）が重なっている。」 ・「地層の中から貝などの化石が見つかる。」	・全員に情報公開した方が良い追究をしている児童，あるいは発見をした児童を可視化する。 ・他との関わりがあった場合には褒め，さらなる関わりを促す。 ・立ち歩きを促す。	70	・資料を教卓に置く。 ・野外観察道具一式
まとめ	・目標を達成する。	・水のはたらきでできた地層はどんな特徴があるのかについて，野外観察の結果を使って，クラスのみんなによく分かってもらえるように分かりやすく，自分の言葉で2つ説明する。	<評価規準> 水のはたらきでできた地層はどんな特徴があるのかについて，野外観察の結果を使って，クラスのみんなによく分かってもらえるように分かりやすく，自分の言葉で2つ説明することができる。	10	

あとがき

　最後までお読みくださり，ありがとうございました。

　最後まで読んでくださったあなたが，30年後を担う目の前の子どもたちを30年後の未来に，折り合いを付けながら幸せに生きていくことのできる人材に育っているために，我々と一緒に歩みを進めてくれることを期待してやみません。

　箸の文化で成長した人間が，ナイフとフォークの文化に変えようとすると一朝一夕では変わりません。現状に対して余程の問題意識を持っていて自ら変革を必然と感じていない限り，なかなか変えることのできるものではありません。

　ナイフとフォークしか存在しないのであればやむを得ず，その文化に馴染もうとしますが，ナイフとフォークの文化の中に箸も用意されていて選択が可能な環境が保証されているとしたら，なおさらです。それでもこだわりがあれば，したたかに箸を手作りしてマイ箸にすることでしょう。

　我々の提案する『学び合い』も，これまでの日本の学校教育と理念は一致しますが，そのアプローチを異にします。

　これまでのアプローチですと，授業実践や教育研究の成果として100％の成果が現れることはまずあり得ません。60％から70％くらいが普通です。よくて90％です。どうしても課題が残ります。我々のアプローチが従来と異なるのは，成果が現れなかった残り10％に注目しているからです。なぜ成果が上がらないのか，と。そこからが授業改善や教育研究のスタートとなるのです。

　『学び合い』の考え方は，100％にするにはどうしたらよいのかという疑問に対する答えを明快に与えてくれます。それは，箸の文化で成長した人にとっては，まさに，ナイフとフォークの文化として映るのかもしれません。

　しかし，やってみると分かりますが，驚くほどの結果を子どもたちが出してくれます。子どもたちは『学び合い』の考え方に共感もしてくれます。

よく考えるようになり，その結果，よく分かるようになります。それによって，チームとしてのクラスみんなのことをよく慮るようになります。まるで，子どもたちの方が箸の文化をあっという間にナイフとフォークの文化に代えているかのように。

それは，『学び合い』の考え方が20年後の自らに幸せを具現化できるものであり，これからを生きる子どもたちにとっては必然だと感じてくれているからに他なりません。

『学び合い』は考え方であるだけに，汎用性が高く，特定の授業や単元だけでなく，他の教科・領域はもちろんですが，日常生活の様々な場面で有効に機能します。

子どもたちの有能な力を信じる「やってみようよ」と，折り合いを付けながらみんな同僚である頃を学ぶ「一緒にやろうよ」という2つのシンプルな考え方からなっていますから，誰にでも実践できて，結果も必ず得られます。

本書では小学校の理科の一部の単元のみご紹介しましたが，どの学年のどの単元でも，目を見張るような成果が現れます。

あなたもぜひ，一緒に取り組んでみていただければと願っています。

なお，『学び合い』の目的と意義について詳しく知りたい方には「これだけは知っておきたい『学び合い』の基礎・基本」（学事出版）を，『学び合い』の課題づくりについて知りたい方には「『学び合い』カンタン課題づくり」（学陽書房）を，『学び合い』の授業の進め方，語り方やノウハウについて知りたい方には「明日から使える『学び合い』の達人技術」（大学教育出版）を用意しています。参考にしていただければ幸甚です。

最後になりましたが，本書の出版に当たっては大学教育出版の佐藤守様に大変お世話になりました。心から感謝申し上げます。

編者

■編著者紹介

三崎　隆（みさき・たかし）

1958 年新潟県生まれ。信州大学学術研究院教育学系教授。博士（学校教育学）。専門は臨床教科教育学，理科教育学。一人も見捨てない教育の実現を目指して，理論と実践の往還を進めている。主な著書に「『学び合い』入門」，「はじめての人のための理科の授業づくり」（以上，大学教育出版），「これだけは知っておきたい『学び合い』の基礎・基本」（学事出版），「教師のための『学び合い』コミュニティのつくり方」（北大路書房），「『学び合い』カンタン課題づくり」（学陽書房）等。

執筆者紹介
第 2 章
1. 長野県長野市立南部小学校　教諭　林　康成
2. 群馬県高崎市立箕輪小学校　教諭　武居良行
3. 長野県長野市立南部小学校　教諭　林　康成
4. 群馬県高崎市立倉賀野小学校　教諭　青木幹昌
上記以外、信州大学　教授　三崎　隆

はじめての人のための
小学校理科の『学び合い』

2018 年 10 月 30 日　初版第 1 刷発行

■編 著 者——三崎　隆
■発 行 者——佐藤　守
■発 行 所——株式会社 大学教育出版
　　　　　　　〒700-0953　岡山市南区西市 855-4
　　　　　　　電話(086)244-1268㈹　FAX(086)246-0294
■印刷製本——モリモト印刷㈱
■Ｄ Ｔ Ｐ——林　雅子

©Takashi Misaki 2018, Printed in Japan
検印省略　　落丁・乱丁本はお取り替えいたします。
本書のコピー・スキャン・デジタル化等の無断複製は著作権法上での例外を除き禁じられています。本書を代行業者等の第三者に依頼してスキャンやデジタル化することは、たとえ個人や家庭内での利用でも著作権法違反です。

ISBN978-4-86429-538-3